KB166544

호모 커넥서스

호모 커넥서스

초판1쇄 인쇄 | 2019년 7월 25일
초판2쇄 인쇄 | 2021년 8월 20일

지은이 | 송형권
펴낸이 | 김진성
펴낸곳 | heute

편집 | 허강
디자인 | 장재승
관리 | 정보해

출판등록 | 2005년 2월21일 제2016-000006호
주소 | 경기도 수원시 장안구 팔달로237번길 37, 303호(영화동)
전화 | 02-323-4421
팩스 | 02-323-7753
이메일 | kjs9653@hotmail.com
홈페이지 | www.heute.co.kr

값 15,000원
ISBN 978-89-93132-66-3 03320

* 잘못된 책은 서점에서 바꾸어 드립니다.

호모 커넥서스
Homo Connexus

송형권 지음

미래를 위한 준비, '호모 커넥서스'로 진화하라

4차 산업혁명의 거대한 파도가 몰려오고 있다. 지구촌이 무한경쟁의 회오리 속으로 휩쓸려 들어간 듯 세계 각국은 대응책 마련과 미래 전략을 세우는 데 심혈을 기울이고 있다. 이렇게 절박하고 위급한 시기에 펼쳐진 '4차 산업혁명 시대'라는 급격한 변화의 물결에 개인과 기업, 국가가 어떻게 대응해야 하는지 제대로 알려주는 책을 쓴 저자에게 감사를 드린다.

기존에 출간되었던 4차 산업혁명 관련 서적은 크게 미래 예측, 기술 변화 및 연구개발 전망, 산업 변화에 따른 국가 및 기업의 나아갈 방향, 개인의 대응 방향 등으로 분류할 수 있다. 이 책은 기본적으로 개인의 대응 방향에 대해 논하면서도 기업과 사회 변화에 대한 통찰력을 바탕으로 '4차 산업혁명 시대의 개인, 기업, 사회는 어떤 모습을 지니게 될 것인가?' 그리고 '그 거대한 변화 속에서 개인은 어떻게 살아가야 하는가?'라는 질문에 대한 근본적인 해답을 제시한다.

저자는 이 책에서 '호모 커넥서스'라는 신조어를 만들어냈다. 4차 산업혁명으로 만들어질 사회의 특징은 '초연결 사회', '데이터 자본주의 사회', '개인 맞춤형 가치 사회'로 정리할 수 있다. 이 책은 '호모 커넥서스'라는 신조어를 중심으로 4차 산업혁명 시대를 헤쳐나갈 생존 전략을 제공한다. 하지만 그 전략을 두루뭉술하게 설명하거나 거대 담론 중심으로 다루는 대신 친절하게도 구체적인 생활의 모습, 피부에 와닿는 현실의 모습으로 그려내고 있다. 특히 4차 산업혁명 사회를 이끌어가는 핵심 주체인 선도적 기업가의 예를 들어 미래의 사회상과 '호모 커넥서스'가 되기 위해 어떤 역량을 길러야 할지 힌트를 던져주고 있는 점은 다른 4차 산업혁명 관련 서적들과 큰 차별성을 가지며 그것만으로도 충분한 가치가 있다.

4차 산업혁명 시대에는 인간뿐 아니라 사물과 주거 환경 등 모든 것이 연결되어 움직인다. 어디 그뿐인가. 기업과 기업, 개인과 개인도 서로 연결되어 비즈니스를 진행한다. 독자적이면서도 연결과 공유를 통해 강력한 힘을 발휘하고, 시장을 지배한다. 이 책에서 호모 커넥서스를 부르짖는 이유가 바로 여기에 있다.

한편으로 이 책은 깊은 영감을 주는 부분이 많다. 호모 커넥서스가 살아가는 모습에서 '입만 갖고 산다', '집안 식구가 늘어난다'는 내용은 매우 인상적이다. 또한 호모 커넥서스가 살아가는 사회는 '원하는 대로 바로 찍는다', '무인점포가 급속히 확산된다'와 같이 혁신적인 변화가 4차 산업혁명 사회의 특징과 어떻게 연결될 수 있는지 신선한 생각거리를 제공한다. 직업 전망에 대해 '역량이 부족할 뿐 일자리가 부족한 것은 아니다'라는 내용은 산업 현장에서 일하는 사람들에게 많은 시사점을 준다. 기업의 변화에 대해서도 '천하에 어려운 장사가 없게 하라', '내 사업에 한계는 없다'와 같이 플랫폼을 선도하는 알리바바, 아마존 등의 이야기로 비즈니스의 혜안을 제시한다. 또한 '만들고 출시하고 배워라', '300년을 존속할 수 있는 조직을 만들어라'라는 충고는 혁신이 일상화되고 있는 기업 및 산업의 변화를 쉽게 이해하도록 해준다. 아울러 호모 커넥서스가 되기 위해 길러야 할 역량도 간결하게 정리되어 있다. 이 가운데 '핵심을 찌르는 질문력', '글로벌 인재들과 함께 일하는 협업력'은 현대인들에게 보다 발전된 자기계발의 방향을 알려준다.

나는 이 책을 읽는 독자가 '호모 커넥서스'의 의미를 이해하고 저자가 제안하는 내용들을 실천해보기를 강력히 권한다. 그렇게 한다면 분명히 독서에 사용한 시간의 백배 이상 보상을 받으리라 생각한다. 아울러 이 책을 통해 서로 따뜻하게 연결되는 사회를 이루고, 서로 연결되어 문제를 함께 풀어보는 기회를 갖기를 희망해본다.

한국인더스트리4.0협회 회장/건국대 기술경영학과 교수

임 채 성

4차 산업혁명 시대,
무엇을 어떻게 대비해야 하는가

대한민국!

세계 11위 경제대국, 수출 6위, 제조업 5위.

반도체 매출과 휴대폰 출하량 1위, 자동차 생산량 6위.

합성고무, 탄화수소유도체, 스티렌, 선박을 가장 많이 생산한다.

인터넷 속도가 가장 빠르다.

전쟁 폐허에서 당당히 일어섰다.

원조를 받다가 원조를 주고 있다.

자랑스럽다.

하지만 맑은 하늘에 먹구름이 몰려오고 있다. 미국과 중국이 무역
전쟁을 하고 있다. 미국은 보호무역주의를 기치로 내걸고 관세 폭탄

으로 우리를 압박하고 있다. 중국은 경제 위기 앞에 놓여 있다. 미국과 중국은 우리나라에서 수출입 1, 2위를 차지하고 있다. 그만큼 우리나라는 두 나라에 경제 의존도가 높다. 여기에 내수까지 둔화되고 있다. 한국개발연구원KDI은 최근 보고서[1]에서 국내의 내수 경기가 둔화되고 있으며, 경기가 정점을 지나 하향 곡선을 그릴 위험이 커지고 있다고 주장했다. 2019년에 민간 소비와 수출 모두 하향 곡선을 그릴 것으로 예상된다는 암울한 미래도 예고되고 있다.

최근 제조업이 어렵다. 우리 제품의 경쟁력이 추락하고 있다. 거제도, 군산, 울산, 인천 공단이 조용해지고 있다. 근로자의 발길도 뜸해지고, 밤에는 그야말로 캄캄하다. 엎친 데 덮친 격으로 4차 산업혁명이라는 쓰나미까지 몰려오고 있다. 폭풍우가 몰아치는 이 밤에 길을 밝혀줄 등대는 과연 어디에 있을까?

우리가 맞이하고 있는 4차 산업혁명 시대는 초연결 사회다. 또한 서로 힘을 합쳐 일해야 살아남는 초협업 시대이기도 하다. 그래서 필자는 이 시대를 살아가는 신인류를 글로벌 초연결 인간, 즉 호모 커넥서스Homo Connexus라 칭한다. 호모 커넥서스는 초연결 시대를 살아가는 모험가이자 통섭자이며, 협업하는 사람이다. 이들은 불확실한 미래를 헤쳐나가고, 과감하게 나침반 하나에 의지하여 지도에도 없는 새로운 길을 개척하는 모험을 감행한다. 그리고 글로벌 인재들을 엮어서 지혜을 모아 가치를 만들어내는 협동 능력을 발휘한다. 또한 이들은 다양한 인재들과 머리를 맞대어 아이디어를 조합하고 재조합하여 새로운 것을 만들어내는 통섭형 인간이다.

청주 고인쇄박물관에 가면 세계 최초의 금속활자본인 직지심체요절直指心體要節을 만날 수 있다. 이는 1377년 10월 금속활자로 찍은 것으로 독일의 요하네스 구텐베르크Johannes Gutenberg보다 무려 80년 앞선 쾌거다. 현재 유네스코 세계기록유산으로 등재되어 있다. 하지만 우리의 자랑인 금속활자나 인쇄술은 널리 알려지지 못했다. 안타깝다.

1445년경 구텐베르크가 발명한 활판인쇄술은 독일을 넘어 유럽 문화를 바꿔놓았다. 인쇄술로 많은 책이 발간된 것이다. 사람들이 책을 읽고 쓰면서 지식을 공유하게 되었다. 인쇄술의 발명은 지식 습득의 공유혁명이었다. 인쇄술은 지식혁명, 기술혁명, 문화혁명을 가져왔다. 이는 르네상스의 원동력이 되었고, 민주주의를 탄생시켰다. 사람들이 직접 성경을 읽게 되었다. 종교개혁이 일어났다. 세상이 바뀌었다. 새로운 세계 지도가 만들어졌다.

그렇다면 우리는 선조들보다 나을까? 2017년 OECD 디지털 혁신 관련 과학기술 통계에 따르면,[2] 우리나라는 과학과 혁신 분야에서 국제적 협력 수준이 가장 낮은 국가 중 하나로 조사되었다. 공동 발명 특허의 3.4%, 국제 공동 저자로 참여한 과학 출판물의 26.4%를 차지하는 정도에 지나지 않는다고 보고되었다. 금속활자와 인쇄술을 만들었어도 널리 보급하지 못하고 세상을 바꾸지 못한 선조들과 크게 다르지 않다. 필자는 이 부분에서 걱정이 앞선다. 그래서 초연결, 초협업 시대에 더 많은 인재, 기업, 국가와 협업하여 예고된 글로벌 불황을 이겨내기를 바라면서 이 책을 엮었다.

필자는 우리나라에서 25년을 살며 대학을 졸업하고 군 제대 후, 미국에서 20년을 살았다. 청춘을 미국에서 공부하고 일하면서 보냈다. 2010년 2월 말 귀국하여 삼성전자에 입사하면서 처음으로 우리 기업에서 일하기 시작했다. 삼성전자에서 12년 동안 글로벌 마케팅 임원으로 전 세계를 뛰어다니며 글로벌 인재들과 치열하게 일했다. 나름대로 미국에서 일한 경험, 전 세계의 글로벌 인재들과 협업하던 경험을 이 책에 담으려 했다.

얼굴은 대한민국 건아, 생각은 미국인. 내 조국이 도리어 생소해 적응하느라 힘들었다. 나만 힘들었겠는가. 같이 일하던 동료들도 얼마나 힘들었을까. 옆에서 인내하며 이해하고 동고동락하던 동료와 선후배들에게 감사의 마음을 전한다. 어느덧 이제는 후배들이 세계 5G 통신 시장에서 큰 힘을 발휘하고 있다. 그저 고마울 따름이다.

기업은 다양한 사람들이 모여 같이 일한다. 특히 삼성전자 같은 글로벌 기업들은 우리나라 인재뿐 아니라 외국인들도 근무한다. 우리나라에 살고 있는 외국인이 백만 명을 넘은 지도 벌써 몇 년이 되었다. 제조업에서는 이미 외국인 노동자들이 없으면 지탱하기 어려운 기업도 대단히 많다. 우리나라 안에서도 자연스레 글로벌 협업이 이루어지고 있다. 이뿐만이 아니다. 우리나라 기업들도 해외 인재들을 영입하기 위해 세계 곳곳에 지사나 연구소를 세우고 있다. 세계 유수의 기업들을 인수합병하기도 한다.

최근에는 방탄소년단이 유엔UN에서 연설을 했다. 정말 자랑스럽다.

우리의 젊은이들은 더욱더 국제화되고 있다. 여기에 희망이 있고 우리의 미래가 있다.

산업혁명은 기술과 산업의 발전으로 우리 삶을 송두리째 바꿔놓은 역사적인 사건이다. 그 바탕에는 사람이 있고, 지식 공유와 협업이 있었다. 이제 4차 산업혁명이 우리 앞에 와 있다. 개인의 삶뿐 아니라 사회, 기업, 국가도 바뀌고 있다. 과연 우리는 이제 무엇을 어떻게 준비해야 할까?

이 책은 다음과 같이 구성되어 있다.

1장에서는 인간과 산업혁명에 대한 역사를 인간의 관점에서 서술한다. 호모 사피엔스에서부터 산업혁명을 거치면서 그 시대를 살아간 인간의 모습을 살펴본다. 4차 산업혁명 시대는 어떤 사회인가, 초연결 사회를 살아가는 호모 커넥서스는 어떤 인류인가를 설명한다.

2장은 호모 커넥서스가 어떤 삶을 사는지 미리 살펴본다. 다양한 기술을 활용하여 삶이 바뀌는 모습을 논의한다. 인공지능 스피커에서부터 감성 로봇 도우미, 자율주행차에 이르기까지 결국 우리는 앞으로 더욱 풍요로운 삶을 살 것으로 기대된다.

3장은 새로운 시대에 사회가 어떻게 발전할 것인가를 설명한다. 평창올림픽을 수놓던 드론부터 블록체인, 데이터를 확보하려는 경쟁이 어떤 사회를 만들어갈 것인지, 내 일자리는 안전한지, 어떤 일자리가 없어지고 어떤 일자리가 새로 생기게 될지 알아본다.

4장은 호모 커넥서스로 이미 세상을 개척해가는 인물들을 소개한다. 잘 알려진 알리바바의 마윈, 아마존닷컴의 제프 베조스, 구글의 래리 페이지와 세르게이 브린, 소프트뱅크의 손정의, 테슬라의 엘론 머스크와 MIT 미디어랩의 조이 이토 소장. 불확실한 세상에 돌진하고 있는 모험가이자 도전가, 퍼스트 펭귄을 통해 우리가 나아가야 할 방향을 찾아본다.

끝으로 5장은 우리가 호모 커넥서스로 성장하기 위해 필요한 역량을 논의한다. 크게 보고 멀리 보는 통찰력, 새로운 그림을 그리고 사람을 존중하며 치밀하게 실행하는 사업 능력, 핵심을 찌르고 상대의 마음을 움직이는 질문력, 사람 중심의 인문학적 소양, 서로 다른 조각을 재조합하는 통섭력, 글로벌 인재들과 함께 일하는 협업력을 살펴본다.

4차 산업혁명 시대를 맞아 우리 기업들이 어려움에 봉착하고 있다. 우리도 도전에 직면해 있다. 이 책은 개인과 기업인이 가야 할 방향을 제시하고, 갖추어야 할 역량을 논의한다. 혁신은 조합, 재조합이다. 이 책은 필자가 배운 지식을 조합, 재조합, 통섭했다. 또한 글로벌 인재들과 치열하게 일하며 쌓은 경험도 녹여놓았다. 모쪼록 자신을 비롯해 기업, 사회, 국가의 미래가 고민되는 독자들에게 작으나마 힘이 되기를 간절히 바란다. 나의 경험에 지식과 지혜를 더해 조금이나마 사회에 기여하고 싶은 마음도 곁들인다.

세상이 바뀌고 있다. 잠시라도 한눈을 팔면 어디로 가는지 알 수 없다. 어디가 디지털 세상이고 어디가 현실 세계인지, 꿈인지 생시인지 혼돈에 빠질 수 있다. 더 큰 소용돌이와 폭풍우가 몰아치는 이 밤, 이

책이 자그마한 등대가 되었으면 한다.

"자, 여러분!

이제 4차 산업혁명 시대로 떠납니다.

심하게 흔들리기도 하고 갑자기 멈출 수도 있습니다.

전 좌석 안전벨트를 꼭 착용해주세요!

출발!"

저자 송 형 권

CONTENTS

1장

호모 사피엔스에서
호모 커넥서스로

호모 사피엔스와
산업혁명

우주의 나이는 약 138억 년. 2015년 유럽의 플랑크위성 공동연구단이 발표한 수치다. 그러나 인류는 약 250만 년 전에 지구상에 나타났고, 약 200만 년 전부터 약 1만 년 전까지 많은 인류의 종들이 살았다고 한다. 동부 아프리카의 오스트랄로피테쿠스를 시작으로 네안데르탈인이라 불리는 호모 네안데르탈렌시스를 비롯해 호모 솔로엔시스, 호모 플로레시엔시스, 호모 루돌펜시스, 호모 에르가스터, 2010년 러시아 데니소바 동굴에서 발견된 데니소반까지 이름도 낯선 이들이 우리의 조상이라고 한다. 그리고 약 3만 년 전 마지막 빙하기가 끝나갈 무렵, 신인류인 호모 사피엔스Homo sapiens가 등장했다고 알려져 있다.

우리와 같은 모습의 인류인 호모 사피엔스는 '현명한 인간', '지혜로운 인간'이란 뜻이다. 현명하다, 슬기롭다, 지혜롭다는 말은 모두 오늘을 살고 있는 우리가 가지고 있는 사고 능력과 지능을 일컫는 것이다. 다른 동물이 가지고 있지 않은 인간만의 특성이다. 호모 사피엔스는 산업혁명이 일어나기 전까지 농경사회에서 그럭저럭 살고 있었다. 인구도 적당히 있었다. 소득은 직접 농사를 짓고 서로 교환하면서 먹고 살 수 있을 정도였다.

그러던 호모 사피엔스에게 대사건이 일어났다. 생각하는, 지능을 가진 사람들이 몇천 년 동안 농경사회에서 살다가 1760년대에 대전환을 맞았다. 바로 영국의 산업혁명이었다.

영국의 산업혁명

경제학자 그레고리 클라크Gregory Clark 교수는 그의 저서《맬서스, 산업혁명, 그리고 이해할 수 없는 신세계A Farewell to Alms》에서 "물질주의자들은 맬서스 시대라는 어둠의 시기에서 벗어나 산업혁명이라는 다리를 통해 요단강을 건너 마침내 현대 경제 사회라는 약속의 땅에 발을 들여놓은 것이다. '혁명'이라는 이름이 붙었을 정도로 이 일은 전혀 예측하지 못한 상태에서 너무나 갑작스럽게 일어났다"[1]고 말한다. 그는 산업혁명을 "지식의 진보를 발판으로 생산 효율성이 증대하고, 이로 인해 경제 성장이 급속도로 이루어지면서 촉발된 사건이다"[2]라고 정의했다. 간단히 요약하면, 산업혁명의 특징은 지식의 진보, 생산 효율성 증대와 급속한 경제 성장이다. 지식의 진보는 인쇄술의 발명으로 시작된 지식의 공유와 축적과 진보라 할 수 있다. 내가 얻은 지식에 나의 지식과 지혜를 더해 가치를 창출하여 다른 사람들에게 전달하는 과정이라고 볼 수 있다. 인쇄술 발명 이후 300여 년에 걸친 지식의 축적과 진보가 산업혁명의 바탕이라는 주장에 필자도 동의한다.

생산 효율성의 증대는 증기의 동력으로 기계가 사람을 대신하여 일을 하니 생산 효율이 증가하고 제품의 종류와 수량이 늘어나게 되었음을 의미한다. 특히 1차 산업혁명 시대에 면직물, 도자기 제조, 주물, 철강 등의 산업 분야가 크게 성장한 것을 볼 때 기계에 의한 생산성과 생산 효율성이 가내수공업에 비해 급속히 성장했다고 할 수 있다. 제품의 수량이 늘어나고 생산 효율이 높아지니 가격이 저렴해지고 소비가 촉진되었다. 공장에서 일하며 소득이 높아지자 농경사회에 비해 소비도 폭발적으로 늘어났다. 경제가 급속히 성장했다.

산업혁명을 촉발한 원인이 소비인지 공급인지는 여전히 논란의 대상이다. 미국 캘리포니아대학교University of California 버클리 캠퍼스UC Berkeley의 경제사학자 장 드 브리스Jan de Vries 교수는 1994년에 논문 〈산업혁명과 근면한 혁명Industrial Revolution and Industrious Revolution〉에서 소비가 먼저라고 주장한다. 그는 "산업혁명Industrial Revolution은 근본적으로 공급 측면의 현상이다"라고 정의하면서, 산업혁명이라는 말 대신에 근면한 혁명Industrious Revolution을 사용하자고 주장했다. 그의 주장에 따르면 산업혁명 이전부터 가정에서는 소비가 이미 증가하고 있었기 때문에 소비가 공급을 이끌었다고 한다. 17세기부터 늘어난 소비를 충족시키려면 공급이 늘어야 했기에 기술이 발전하고 제품

생산이 향상되어 산업혁명이 일어났다는 것이다. 따라서 19세기의 산업혁명은 소비를 충족시키기 위한 생산 분야의 근면한 혁명이라는 것이다. 그는 여기서 근면한 혁명이 경제사적으로 더 중요하다고 강조한다.

물론 늘어난 소비를 충족시키고 공급을 확대하기 위한 해결책으로 증기기관이 발명되었을 수도 있다. 물레방아로 돌리던 한계를 극복하기 위해 증기기관이 발명되어 기계화가 급속도로 진행되고 많은 제품들이 생산되어 소비가 늘어났을 수도 있다. 소비나 공급, 어느 것으로 인해 산업혁명이 일어났는지는 명확하지 않다. 다만, 산업혁명으로 급속한 기계화와 산업화가 이루어졌으며, 경제 부흥을 이루고 문명이 발전했다는 것만은 분명하다.

그런데 왜 독일이나 프랑스가 아닌 영국에서 산업혁명이 일어났을까? 미국 국립경제연구소National Bureau of Economic Research의 경제학자 랄프 메이젠잘Ralf Meisenzahl과 조엘 모키르Joel Mokyr는 "산업혁명 시대에는 기술 진보와 혁신이 경제 성장의 주요 동인이었는데, 왜 영국이 기술 리더였을까? 고도로 숙련되고 기계적으로 유능한 장인들을 공급할 수 있었던 것이 영국의 이점이었다. 이들은 새로운 기술을 적용, 구현, 개선하고 수정할 수 있었다. 또한 이들은 매우 생산적이고 보상을 주는 거시적 발명을 실현하는 데 필요한 아주 작은 발명들을 제공하기도 했다"고 주장했다.[3] 영국의 풍부하고 창의적인 인재들이 다양한 기술을 갈고닦아 온전하게 작동하도록 만든 것이 산업혁명이 영국에서 일어난 이유라는 것이다. 지식이 축적되었으며, 아주 작은

[그림 1] 시대별 1인당 소득 추이

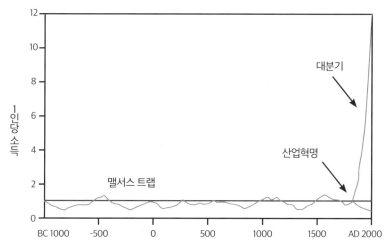

[그림 1] 시대별 1인당 소득 추이

[출처: 그레고리 클라크, 《맬서스, 산업혁명, 그리고 이해할 수 없는 신세계》, 한스미디어, p. 24]

기술의 발전이나 발명이 합쳐지거나 개선되고, 수정·편집되어 조금씩 개선되기도 했다. 여러 사람의 노력으로 점차 기술이 필요한 것들에 적용될 수 있도록 발전하기도 했다. 장인들의 창조적인 편집, 융합 능력이 영국의 산업혁명을 이끈 힘이라는 주장에 고개가 끄덕여진다.

그렇다면 산업혁명이 일어나기 전, 사람들은 어떻게 살았을까? 클라크의 저서에 등장한 그래프를 통해 지난 3,000여 년간 세계 경제와 인구 변화의 역사를 살펴보자.[4]

[그림 1]은 1800년대 개인소득을 1로 가정하여 그린 그래프다. 기원전 선사시대부터 1800년대 1차 산업혁명 전까지 인류의 소득은 크게 변하지 않았다. 농업으로 끼니를 해결하며 살던 시기에 생산성은 토지

와 인구의 한계 때문에 거의 변화가 없었다. 이를 '맬서스 트랩Malthusian Trap'이라고 부른다. 그러다가 1차 산업혁명을 거치면서 소득이 급증했고, 인구도 빠르게 늘어났다. 1800년경에 지구 인구는 약 10억 명 정도로 알려져 있다. 지금은 76억여 명이 살고 있다. 300여 년 동안 인구가 7.6배 늘어난 것이다. 아울러 개인소득도 열두 배 이상 증가했다.

인류 역사상 최초로 소득과 인구를 급격하게 성장시킨 대단한 역사적 사건이 바로 1차 산업혁명이다. 농업 기반 산업에서 사람의 노동력으로 일을 하고 제품을 생산하던 가내수공업 방식이 증기기관으로 작동하는 기계식 공업으로 발전하게 되었다. 소비할 수 있는 많은 제품들을 생산하고, 소득이 늘어 잘살게 되면서 경제가 부흥했다. 그에 따라 사회가 발전하고, 인구도 폭발적으로 늘어나기 시작했다.

목화에서 면을 뽑아내던 일손들은 증기의 힘으로 작동하는 면직 공장에서 기계를 관리하거나 다른 공장에서 일하게 되었다. 노동자들은 공장에서 일하면서 임금을 받아 소득이 늘어났다. 경제가 부흥하고 국제무역도 활발해졌다. 영국은 인도에서 목화를 수입하여 면직물을 수출하게 되었다. 1770년대에 영국은 식민지로 인도, 오스트레일리아, 캐나다, 미국 13개 주를 가지고 있었다. 1800년 초까지만 해도 미국은 남부에서 막대한 목화를 생산하여 영국에 수출하고 있었다. 1807년 노예무역이 종료되기 전까지 영국은 대서양 간 노예무역의 3분의 1을 차지하는 350여만 명의 노예를 거래하고 있었다. 당시 영국은 시장이 크고 세계의 공장 역할을 담당하고 있었다.

산업혁명을 거치면서 수공업 시대는 기계화 시대, 산업화 시대로 급속히 발전했다. 말이 끌던 마차가 증기기관이 끄는 기차와 자동차로 바뀌었다. 클라크 교수는 "산업화의 최대 피해자는 바로 말이었다"[5]고 주장한다. 그렇다고 기계가 등장하자마자 말이 바로 노동 현장에서 사라진 것은 아니었다. 1800년대를 훨씬 지난 1901년 산업 현장에 투입된 말이 325만 마리에 달하여 최고치를 기록했기 때문이다. 1800년대 후반에 등장한 내연기관이 말을 급격히 대체하면서 1924년에 이르러서야 노동 현장에 사용되는 말이 200만 마리 이하로 떨어졌다. 길에서 마차가 완전히 사라지고 기차나 자동차로 대체되면서 운송은 활발해지고 교역이 증가했다.

1825년 영국에서는 증기기관이 이끄는 기차가 처음으로 40km의 철로를 달렸다. 1830년에는 세계 최초로 건설된 리버풀 랭커셔에서 맨체스터까지 50km의 철로를 시외철도가 달렸다. 1886년 1월 29일 독일의 카를 벤츠Karl Benz가 삼륜 내연기관 자동차 특허를 획득했다. 곧이어 고트리브 다임러Gottlieb Daimler는 4륜 내연기관 자동차를 개발하였다. 이렇게 1886년은 '말이 끄는 힘을 의지하지 않고 사람들이 여행할 수 있는 역량을 갖춘 운송 수단'인 내연기관 자동차가 태어난 뜻깊은 해이다.

이러한 기술적 발전에 미국도 철도와 자동차에 대한 관심이 커졌다. 그러나 모두가 새로운 운송수단을 환영한 것은 아니었다. 변화를 받아들이기 힘들어하는 인간의 속성이랄까. 영국에서 시외철도가 사람을 수송하고 자동차가 도로를 달리기 시작한 지 80년이 지났음에도 미국의 철도 관계자들은 자동차에 대해 회의적인 시각을 드러냈다.

1913년 미국 철도의회 보고서American Railroad Congress Report, 1913는 "승객의 장거리 이동에서 자동차가 철도를 대체하리라는 것은 한갓 헛된 꿈일 뿐이다"6라고 지적했다. 같은 해 12월 포드자동차는 조립생산 라인을 구축하여 누구든지 원하면 자동차를 구매할 수 있도록 대량생산을 시작했으니 역사는 참으로 아이러니하다. 한편으로는 사람들이 변화의 물결에 얼마나 격하게 저항하는지를 알 수 있다.

영국에서 기계가 인간의 손을 대체하자 기계를 반대하는 것을 넘어 파괴하는 사건도 일어났다. 1811년부터 1817년에 일어난 러다이트 운동Luddite Movement이 그것이다. 이 운동은 수공업자들이 몰락하면서 공장에 가 기계와 함께 일하거나 실업자가 되는 기로에 서자 기계를 파괴한 데서 비롯되었다. 기계가 원흉이라고 판단했기 때문이다.

산업혁명과 같은 급격한 변화에는 이와 같이 저항하는 사람과 적응하는 사람이 있기 마련이다. 그러나 시간이 흐르면 경제가 바뀌고 사회도 변하면서 결국에는 적응하게 되어 있다. 기계를 파괴하던 사람들도 결국에는 기계화와 산업화를 숙명처럼 받아들일 수밖에 없었다.

영국을 넘어 전 세계로

세계에서 가장 잘 알려진 세 명의 여성은 누구일까? 대서양, 태평양, 인도양이다. 산업혁명의 물결은 대서양을 넘어 1600년대 초 영국의 식민지였던 미국으로 건너가면서 산업화를 더욱 촉진시켰다. 1776년 영국에서 독립한 미국은 영국에서 미국으로 건너온 기술자들이 자유로운 환경에서 면직공장을 세우고 필요한 기술과 기계들을 더욱 발전시켜 나갔다. 그리고 1879년 미국의 토마스 에디슨Thomas Edison이 전구를 발명하고, 1880년에는 에디슨 조명회사를 설립했다. 1882년 9월에는 드디어 맨해튼에 전기를 공급하기 시작했다.

1913년 12월 1일에는 전기로 작동하는 모터가 디트로이트 시 포드 자동차의 조립생산 라인을 움직이게 되었다. 과거에는 자동차 한 대를 생산하는 데 12시간 이상이 걸렸으나, 이제 2시간 30분으로 줄어들었다. 이렇게 자동차 대량생산이 일어나자 누구든지 원하면 자동차를 살 수 있는 시대가 열렸다. 증기혁명으로 시작된 기계화 시대가 전기동력을 활용한 조립생산 시대로 발전하여 제품의 대량생산이 가능해진 것이다.

대량생산이 가능해지면서 미국이 세계에서 가장 잘사는 나라로 발돋음하게 되었다. [표 1]에 나타난 대로 1인당 국민소득에서 미국은 1913년 이후 줄곧 가파르게 성장하면서 세계 경제 대국으로 발전하게 되었다.[7]

[표 1] 1인당 국민소득 (1990년 달러 기준)

국가	1700	1820	1870	1913	1950	1973	1989	2008
네덜란드	2,130	1,838	2,757	4,049	5,996	13,082	16,695	24,695
영국	1,250	1,706	3,190	4,921	6,939	12,025	16,414	23,742
미국	527	1,257	2,445	5,301	9,561	16,689	23,059	31,178

[출처: 위키피디아]

기술 혁신으로 각종 신제품들이 늘어나자 사람들은 열심히 소비하기 시작했다. 1849년에 전화기, 1927년에 흑백TV, 1953년에 컬러TV가 미국에서 발명되었다. 미국의 경우, 50%의 가정에 보급되는 데 걸린 시간을 살펴보면 신제품들이 얼마나 빠르게 확산되었는지 쉽게 알 수 있다. 전화는 70년, 전기는 43년, 흑백TV는 8년이 걸렸다.[8]

더 많은 제품을 더 싸게 사려는 미국 소비자들의 입맛에 맞추려다 보니 공장들이 늘어나기 시작했다. 자연스레 노동자들의 임금도 올라갔다. 인건비 상승으로 물건이 비싸지기 시작하자 미국 공장들은 더 싸게 제품을 생산하기 위해 태평양을 건너 일본으로 향했다. 이로 인해 일본은 산업화, 공업화를 이루며 세계의 공장으로 등장했다. 그리고 일본을 거쳐 대한민국으로, 이제는 중국과 인도와 베트남을 거쳐 동남아시아로 옮겨가고 있다.

기계화에 이어 자동화, 지능화로 대량생산은 더욱 어마어마한 규모로 발전하고 있다. 2017년 세계에서는 자동차 9,730여만 대가 생산되어 세계 최고 기록을 달성했다. 1년을 365.25일로 계산하면 1초당 자동차 3.08대씩 생산한 결과다. 2018년 1분기에만 3억 4,440여만 개의 스마트폰이 전 세계에 공급되었다. 스마트폰 생산량은 1초당 열한 대 수준이다. 2017년에는 약 15억 대의 스마트폰이 팔렸다. 세계 인구의 19.7%가 구매할 수 있는 개수다.

우리나라는 전쟁의 폐허를 딛고 1960년대에 경제개발 5개년 계획을 시작으로 산업화의 시동을 걸었다. 중공업을 시작으로 석유화학, 철강, 조선, 자동차, 전자 등 여러 산업들이 빠르게 발전했다. 사람들은 "잘살아 보세! 잘살아 보세! 우리도 한번 잘살아 보세!"를 외치며 새벽부터 밤늦게까지 죽어라고 일했다. 어디 그뿐인가. 독일로, 중동으로, 베트남으로 일이 있는 곳이라면 어디든 달려가서 일했다.

월드뱅크 자료[9]를 살펴보면, 우리나라는 1962년 1차 경제개발 5개년 계획을 시작할 당시, 1인당 국민소득이 현재 시세로 하면 고작 106달러에 불과했다. 말레이시아는 203달러, 필리핀은 157달러 수준으로 우리보다 잘살았다. 그러나 2017년 현재 우리나라는 29,743달러로 말레이시아의 9,945달러, 필리핀의 2,989달러를 앞질러 인생역전 드라마를 이룩했다. 그 결과 우리는 55년 동안 개인소득이 280배나 늘어났다. [그림 2]를 통해 이러한 우리나라의 발전을 한눈에 실감할 수 있다. 2018년에 1인당 국민소득이 31,349달러약 3,449만원에 이르러 처음으로 3만 달러를 넘어섰다.[10]

[그림 2] 현재 미국 달러로 환산한 1인당 국민소득 비교

[출처: 월드뱅크 연도별 개인소득 자료]

그동안 이전 세대가 쏟아낸 피와 땀으로 우리는 국민총생산량 기준 세계 11위의 경제대국, 세계 6위의 수출강국이 되었다. 또한 세계 6위의 자동차 제조 국가이며, 세계 최고의 인터넷 연결로 1인 1스마트폰 시대를 열었다. 이는 자원이 부족한 국가에서 이룩한 대단한 업적이다. 한국전쟁 이후 경제 원조를 받던 나라에서 경제 원조를 하는 유일한 나라가 되었다. 대단한 발전이다. 모두 정말 수고 많으셨다. 이처럼 영국, 미국, 일본을 거쳐온 산업화로 현재의 우리나라는 만들어졌다.

1차 산업혁명으로 시작된 기계화는 전기혁명인 2차 산업혁명으로 이어졌다. 전기혁명은 전자기술을 가능하게 하고 컴퓨터가 개발되면서 세상은 전기시대에서 전자시대로 전환되었다. 디지털 기술이 발전하면서 컴퓨터 성능은 상상 이상으로 향상되었다. 그 결과 우리 손 안에까지 스마트폰이 쥐어졌다. 그리고 이를 디지털 혁명, 3차 산업혁명이라고 부른다.

산업혁명은 우리의 일상생활뿐만 아니라 경제, 사회, 정치, 문화, 과학, 기술, 인구 등 모든 면에 변화를 일으키는 커다란 사회 변혁이다. 산업과도 엄연히 다르다. 참고로 농업과 어업 등을 1차 산업, 제조업을 2차 산업, 서비스업을 3차 산업, 정보통신과 교육 등 지식집약산업을 4차 산업이라고 부른다.

호모 디지쿠스와
호모 인포매티쿠스

전기는 컴퓨터를 개발하게 했고 통신혁명을 이끌었다. 1946년 세계 최초의 전자식 컴퓨터인 에니악Electronic Numerical Integrator And Calculator, ENIAC이 발명되었고, 이후 컴퓨터가 무서운 속도로 발전하여 지금은 사람마다 손 안에 태블릿 PC나 스마트폰을 가지고 다니는 세상이다. 이 태블릿 PC나 스마트폰 등 각종 기기가 서로 연결되어 있다. 1991년 발명된 인터넷으로 지구는 더욱더 가까워지고 디지털 시대로 전환되었다.

컴퓨터에 사용되는 프로세서 칩은 18개월마다 집적도가 두 배로 늘어나 처리 속도가 빨라지게 되었다. 컴퓨터 크기도 작아지고 성능도 엄청나게 향상되었다. 컴퓨터혁명이다. 더불어 통신도 발전하게 되었다. 전보에서 전화로, 그리고 인터넷으로. 이제는 인터넷 없이는 살 수 없는 세상이다.

2018년 11월 24일 오전 11시경 서울 서대문구 충정로의 KT 아현지사 지하 통신구에서 화재가 발생했다. 그러자 아현지사가 회선을 관리하는 중구, 용산구, 서대문구, 마포구 일대, 은평구, 경기 고양시 일부 지역에 KT 무선통신 전화와 유선 전화, 초고속 인터넷, IPTV, 카드 결제 단말기 등이 작동하지 않았다. 음식점에서는 카드 결제가 안 되어 현금만 받았다. 요즘 사람들은 현금을 거의 가지고 다니지 않으니 굶을 수밖에 없었다. 세계 인터넷 강국이 하루아침에 구석기 시대로 전락한 사건이었다. 그 지역의 KT 고객들은 모든 통신 수단이 불통되어 큰 불편을 겪었다. 이처럼 이제는 휴대폰과 인터넷이 없으면 생활이 불가능할 정도다.

우리는 1975년 세상에 처음 등장한 개인 컴퓨터로 이제는 책을 쓰기도 하고, 복잡한 가계부를 적기도 하며, 전화도 하고, 사진도 저장한다. 또한 인터넷을 통해 TV나 영화를 보고 음식점, 버스, 지하철에서 카드로 결제도 한다. 최근 들어서는 스마트폰이 에니악보다 더 성능이 좋은 컴퓨터가 되었다. 음성 통화만 할 수 있던 휴대폰과 인터넷이 연결되면서 온 세상 정보를 손가락 하나로 검색하는 시대, TV보다 스마트폰을 더 많이 시청하는 시대가 되었다. 사람들은 전철이나 버스에서, 심지어는 걸어가면서도 스마트폰을 들여다본다. "스마트폰은 나의 목자시니, 내게 부족함이 없으리로다"라며 전화기를 신봉하는 스마트폰 좀비들은 물론 스마트폰 중독으로 인한 거북목 증후군 등 폐해도 무수히 많지만, 휴대폰이 없으면 어떻게 할지 모르고 전전긍

긍하는 것이 현재 우리의 모습이다.

이제 인터넷 연결로 지구촌은 하나가 되었고, 세상 모든 지식을 손가락 하나로 흡수하는 시대를 맞았다. 오래된 고서, 멀리 있는 박물관도 바로 내 눈앞에서 읽거나 감상할 수 있는 시대가 되었다. 이것이야말로 디지털 혁명이 가져다주는 혜택이고, 선물이다.

구글은 2004년 12월 구글 도서관 프로젝트를 발표한 이래 세계 유수의 도서관 책들을 스캔하여 디지털 데이터베이스에 저장한 책이 2015년 10월 기준으로 무려 2,500여만 권에 이른다고 한다.[11] 우리는 이제 아주 오래전에 출간된 도서를 빌리기 위해 해외 도서관까지 갈 필요 없이 구글 도서 웹사이트에서 읽을 수 있다.

어디 그뿐인가. 지금까지는 대영박물관의 많은 유물들을 보려면 시간과 비용을 걱정하지 않을 수 없었지만 이제 그런 걱정은 접어도 된다. 휴가를 내서 비행기표를 구하고 숙박시설을 예약하는 수고를 하지 않아도 된다. 직접 방문하지 않아도 집에 앉아 편안하게 스마트폰으로 대영박물관의 소장품들을 감상할 수 있기 때문이다.

2011년 2월 시작한 구글 예술과 문화Google Arts and Culture 앱은 전 세계의 수많은 박물관 소장품과 예술품들을 누구든지 고화질로 볼 수 있는 온라인 플랫폼이다. 이는 반 고흐, 라파엘로, 피카소, 대영박물관, 스페인 바르셀로나 박물관 등을 직접 가서 보고 싶지만 사정상 가지 못해 안타까워하는 사람들을 위해 준비한 위대한 선물이다. 가상현실 속에서 360도 영상으로 대영박물관을 걸어 다니며 작품들을 감상할 수 있을 뿐만 아니라 작품에 대한 자세한 설명도 읽을 수 있다.

디지털 기술이 가져온 선물이라고 할 수 있다.

살면서 말을 잘 들어야 인생이 잘 풀린다는 세 명의 여성을 아는가? 그 답은 바로 어머니, 아내와 내비게이션 아가씨다.

자동차 내비게이션 아가씨가 알려주는 대로 운전하면 길을 잃지 않고 원하는 목적지까지 갈 수 있다. 길치도 전혀 문제없다. 이것 또한 디지털 기술이다. 하늘에 있는 GPSGlobal Positioning System 위치 추적 위성이 자동차의 위치를 정확히 파악하여 디지털 지도에 그린다. 현재 위치에서 가고자 하는 목적지까지 최적의 경로와 예상 도착 시간을 알려준다. 중간에 좋아하는 식당, 주유소도 알려준다. 디지털 정보가 연결되고 계산되어 우리에게 가져다주는 편리함에 친절하게 안내까지 해주는 디지털 내비게이션 아가씨. 디지털 세상에서 가상 공간과 현실 공간이 하나가 되는 자동차 안에 있다 보면 어느 것이 가상이고 어느 것이 현실인지 분간하기가 어려울 정도다.

최근 우리 삶은 손만 까닥하면 필요한 물건이 집으로 배송된다. 저녁 식사로 무엇을 먹을까 고민할 필요도 없다. 손가락으로 주문만 하면 자동으로 배달된다. 식당에 가고 싶으면 손가락으로 예약도 할 수 있다. 궁금한 것이 있으면 네이버나 구글에 물어보면 바로 알려준다.

어떤 영화를 봐야 할지 모르겠다면 넷플릭스 온라인 동영상 스트리밍 서비스가 있다. 이것만 켜면 내가 어떤 영화를 좋아할지 추천도 해준다. 필자는 미국에 있는 손자들과 매일 무료로 화상통화를 한다. 서울에서 손주 생일 선물을 보내고 싶으면 아마존에서 주문하여 배송시키면 된다. 하버드대학교나 MIT의 강의를 듣고 싶은가? 온라인을 통해 무료로 들을 수도 있다. 잘하면 그 학교들에 입학할 수도 있다.

이렇듯 디지털 시대를 살아가는 우리는 호모 디지쿠스Homo Digicus다. 디지털 기기를 잘 활용하는 신인류인 것이다. 뿐만 아니라 디지털 혁명은 자동화 시대를 정보화 시대로 바꾸었다. 온 세계에 퍼져 있는 엄청나게 많은 정보가 디지털로 변환되어 복사, 전송, 검색이 용이해졌다. 손가락만 움직이면 인터넷을 통해 상상을 초월하는 정보에 접근이 가능하다. 정보의 홍수 속에서 살다 보니 어떻게 정보를 검색하고 이해하고 활용하고 편집하는가 하는 능력이 새로운 역량으로 자리매김하게 되었다. 책을 읽거나 남에게 듣거나 직접 경험하여 얻었던 정보나 지식을 인터넷을 통해 쉽게 얻는 시대가 된 것이다. 정보를 외워 내 것으로 만드는 시대가 지나고 인터넷에 널린 정보를 재빨리 찾아내고 편집하여 가치 있는 정보나 지식을 내 것으로 만드는 것이 경쟁력인 시대가 되었다.

이에 따라 우리는 정보를 잘 이해하고 활용하는 정보화 인간, 즉 호모 인포매티쿠스Homo Informaticus가 되라는 요구를 받고 있다. 베이컨Francis Bacon은 "아는 것이 힘이다Knowledge is power"라고 말했다. 우리는 이제껏 '아는 것knowledge'을 위해 열심히 책을 읽고 외우는 데 힘을 쏟았다. 지금은 지식을 얻기 위해 인터넷을 검색하는 시대다. 정보가 지식이 되고, 내 것으로 소화하여 지혜가 되는 사회, 인터넷에서 정보를 찾아 내 것으로 만드는 시대다. 이제는 정보가 힘이 되는 세상이 되었다. 정보는 곧 데이터를 의미한다. 즉, 데이터가 힘이 되고 돈이 되는 '데이터 자본주의 사회'로 진화하고 있는 것이다.

4차 산업혁명 시대

컴퓨터가 손 안으로 들어왔다. 스마트폰이다. 통화하고 문자만 보내던 휴대폰이 인터넷과 연결된 스마트폰으로 진화하면서 우리 생활은 또 한 번 대전환을 맞게 되었다. 현시대를 스마트폰으로 살아가는 우리를 호모 스마트쿠스Homo Smartcus라 부른다. 스마트한 시대에 스마트폰으로 사진도 찍고, 카톡도 하고, 위챗도 하고, 결제도 하며, 지하철, 버스, 택시도 탄다. 스마트폰에 있는 서비스는 무궁무진하다. 스마트폰으로 내 손 안에 있는 세상을 사느라 모두 정신이 없다. 손에는 스마트폰, 손목에는 스마트워치로 현실 세상과 디지털 세상에서 살고 있다.

세계 최고 인터넷 연결 국가, 대한민국

스마트폰을 사용하면서 LTE라는 전문용어가 일상용어가 되었다. Long Term Evolution의 약자인 LTE 4세대 통신 서비스는 무선 음성 통화뿐 아니라 데이터 통신도 가능하다. 현재 1인 1스마트폰 국가인 우리나라는 세계 최고의 연결 사회다. 2009년 말 삼성전자 옴니아2와 애플 아이폰3GS가 우리나라에 출시된 후 스마트폰의 인기는 식을 줄 모르고 치솟았다. 2019년 3월 기준 우리나라 스마트폰 가입자는 총 5,130만 명으로 집계되었다. 총인구가 5,180만 명이니 1인 1스마트폰시대가 열린 것이다. 2018년 6월 19일 발표된 미국 퓨 리서치 센터Pew Research Center의 보고서에 따르면,[12] 우리나라는 인터넷 침투율과 스마트폰 보급률이 각각 96%와 94%로 전 세계 1위를 기록하고 있으며, 소셜미디어 사용률도 69%로 4위를 차지하고 있다.

[그림 3] **韓**, 세계 최고 '연결 사회' ··· 인터넷 · 스마트폰 사용률 1위

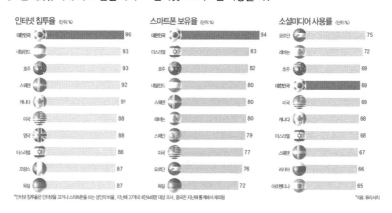

[출처: 매경이코노미 제1965호(창간 39주년 특대호, 2018.07.04~07.10일자)]

그렇다면 우리 국민은 어떤 모바일앱을 가장 많이 애용할까? 모바일앱 분석 업체인 와이즈앱이 발표한 자료에 따르면,[13] 2018년 8월에 전 연령대에서 가장 많이 사용한 앱은 유튜브였고, 월간 순 사용자 수 Monthly Active User, MAU는 3,093만 명, 1인당 월 시청 시간은 1,077분이었다. 61.7%의 스마트폰 가입자가 유튜브를 보고, 30일 한 달 동안 하루 중 잠자는 8시간을 빼고 16시간의 3.7%를 유튜브와 살았다는 말이다.

최근에는 5G가 단연 화제다. 2019년 4월 3일 밤 11시 정각, 국내 이동통신 3사인 KT, LG유플러스, SKT가 세계 최초로 5G 상용 서비스를 시작했다. 미국 제1의 이동통신사인 버라이즌보다 약 2시간 빠른 기록으로 세계 최초의 쾌거를 이루었다. 이와 함께 5G 서비스를 위한 삼성 갤럭시 S10 5G 스마트폰도 선보였다. KT와 SKT는 서울, 수도권 등 전국 광역 85개 도시를 중심으로, LG유플러스는 인구 밀집 지역인 서울과 6대 광역시를 중심으로 서비스를 시작했다. 점진적으로 서비스 지역을 전국으로 확대해나갈 계획이다.

5G 서비스는 최대 다운로드 속도가 20GbpsGigabits per second로 4G LTE 서비스보다 스무 배나 빠르다. HD급 2GB의 고화질 영화 한 편을 1초면 다운로드할 수 있다. 1km 반경 내에 약 100만 개의 기기를 연결할 수 있는 용량도 제공한다. 4차 산업혁명 시대에 꼭 필요한 통신 서비스가 바로 5G 이동통신 서비스인 것이다. 이를 바탕으로 한 자율주행차, 스마트공장 운영, 실시간 시설물 관제, 원격 진료 및 구호 활동, 드론 운송, 협업로봇, 지능형 편의점, 호텔 및 가사도우미 로봇, 개인형 가상/증강 현실 미디어, 360도 라이브 중계 등을 기대할 만하다. 통신 네트워크

를 기반으로 사물인터넷에 연결된 스마트폰, 스마트워치, 사물이나 기기들은 서로 소통하며 데이터를 빠르게 주고받게 될 것이다.

데이터가 사물인터넷을 통해 전송되고 저장탱크데이터베이스 서버나 클라우드 컴퓨터 서버 등에 차곡차곡 쌓이면 빅데이터가 된다. 이렇게 저장된 빅데이터를 이해하고 분석하면 보석을 찾아낼 수 있다. 빅데이터로 학습을 시키면 똑똑한 컴퓨터, 인공지능을 만들어낼 수 있다. 여기에 기본이 되는 것이 바로 인터넷 연결망이다. 연결해야 소통이 가능하기 때문이다. 이처럼 디지털 혁명을 넘어 모든 것이 연결되는 세상이 바로 4차 산업혁명 시대다. 4차 산업혁명 시대에는 가상 공간과 현실 공간이 연결된다. 사람과 사람, 공정과 공정, 설비와 설비, 사람과 설비, 나와 내비게이션, 자동차와 자동차 등 모든 것이 연결되는 초연결 시대인 것이다.

2018년 7월 1일 기준으로 전 세계 인구는 7,632,819,325명이다. 지구상에는 195개 국가가 존재하며 7,102개의 언어가 사용되고 있다. 2017년 말 인터넷 월드 통계에 따르면,[14] 전 세계 총인구 76억여 명 중 인터넷 사용자는 41억여 명으로 54.4%에 이른다. 2017년 기준 세계에는 약 90억 개의 사물인터넷 장치들이 있다고 예측하고 있다. 또한 2025년까지 640억 개 사물들이 연결될 것으로 예상하고 있다.[15] 인간보다 더 많은 사물들이 인터넷으로 연결되는 초연결 시대로 이미 접어든 것이다.

이제 초연결의 시대가 쓰나미같이 밀려오고 있다. 연결되느냐, 죽느냐, 이것이 문제다. 그렇다면 4차 산업혁명 시대는 어떤 세상일까?

기본적으로 다음과 같은 세 가지 특징을 가지고 있다.

- 초연결 사회
- 데이터 자본주의 사회
- 개인 맞춤형 가치 사회

4차 산업혁명의 핵심은 초연결에 있다. 더 많은 사람과 사람, 내 손 안에 스마트폰, 내 손목에 스마트워치, 길거리 CCTV, 기계와 기계, 사물, 장치, 설비, 건물, 자연 등 모든 것이 인터넷으로 더 촘촘하게 연결된다. 현실 세계와 디지털 세상도 연결된다. 연결되면 많은 데이터가 생성되고 쌓인다. 이러한 빅데이터를 잘 이해하고 분석하여 가치를 만들어내면 돈이 된다. 데이터 자본주의 사회가 되는 것이다. 빅데이터를 가지고 좋아하는 것을 파악하여 영화도 추천하고, 새로 출간된 책도 알려준다. 한 사람 한 사람에게 맞춤형 가치를 제공할 수 있는 진정한 개인 맞춤형 가치 사회가 된다.

1. 초연결 사회

손목에 스마트워치를 차고 음악을 들으면서 운동 앱으로 조깅을 시작한다. 스마트워치로 달리는 속도, 경로, 맥박 수, 소모 칼로리를 알 수 있다. 맥박으로 건강 상태도 관리할 수 있다. 걸려오는 전화도 받을 수 있다. 카톡도 하고 이메일도 읽고 검색도 할 수 있다. 스마트워치를 차고 있으면 내 생활이 모두 기록된다. 스마트폰도 마찬가지다.

디지털 세상은 내가 잘 기억하지 못하는 신용카드 번호, 병원 방문 기록, 쇼핑 품목, 그리고 언제 어디를 다녀왔는지 등 모든 것을 알고 있다. 이렇게 디지털 발자국Digital Footprint이나 디지털 지문Digital Fingerprint으로 돌아다니며 남긴 내 발자취들이 모두 기록된다.

이를 다 모아보니 바로 나의 디지털 쌍둥이, 즉 아바타Avatar가 보인다. 나의 아바타는 나의 디지털 복제품이다. 현실 속의 '나'와 가상 공간의 내 '아바타'는 늘 연결되어 있다. 시간이 가면 갈수록, 내가 디지털 세상에서 활동하면 할수록 나의 모든 것을 보여주는 나의 아바타. 나는 오히려 투명인간이 되고 나의 아바타는 점점 실체가 되어간다.

사람만 가상 공간에 있는 것이 아니다. 설비도 디지털로 가상 공간에 구축된다. 가상 공간에 설비들이 연결되어 가상 공장이 된다. 가상 공장에서는 설비와 아바타들이 같이 일할 수 있다. 경영자들은 가상 공장의 현황을 파악하고, 고객의 주문이 들어오면 가상 공장에 제품을 언제까지 생산해서 배송할 수 있는지 물어볼 수 있다. 제품을 생산하는 시점에 실제 설비들이 제대로 작동될지, 원료나 소재는 제때 공급될지 미리 알려준다. 생산 일정에 착오가 생기면 해결 방안도 말해준다. 근로자들이 협업로봇과 함께 일하고, 협력 업체들과 정보를 공유하며 조화롭게 제품을 생산한다. 글로벌 기업들이 경쟁적으로 구현하고 있는 스마트팩토리의 미래 모습이다.

최근에는 인공지능 스피커로 어린이들이 영어를 배우고, 노래를 듣고 있다. 인공지능 스피커가 사람들의 말을 알아듣고 동영상을 틀어주거나 전화를 거는 것이 일상이 되었다. 노래만 듣는 것이 아니라, 쇼핑도 하고 자동차에 시동도 건다. 조만간 자율주행차도 운전하게 될 것이다.

4차 산업혁명 시대에는 사람과 기계, 기계와 기계, 사람과 제품, 제품과 제품, 사람과 자연, 자연과 자연 등 모든 것이 연결될 것이다. 원료와 제품, 제조 공정과 사람, 공장과 공장, 기업과 기업 등 온 세상이 연결될 것이다. 자원, 자본, 상품, 기업, 조직도 물론이다. 현실 세계의 사물들과 이들의 디지털 복제품이 연결된 디지털 세계가 서로 연결된다. 2020년까지 500억 개, 2050년에는 1조 개 이상의 사물인터넷 장치들이 연결될 것으로 예상된다. 모든 것이 현실 세계와 디지털 공간에서 복잡하게 서로 연결되는 어마어마한 초연결이야말로 4차 산업혁명 시대의 모습인 것이다.

2. 데이터 자본주의 사회

최근 우리나라에 진출하여 미디어를 발칵 뒤집어놓은 넷플릭스 Netflix를 살펴보자. 넷플릭스에서 영화나 미드를 감상해보았는가? 사용자 각자에게 맞춤형 첫 화면을 제공하여 좋아하는 영화나 미드를 추천하는데 데이터 분석 능력이 정말 탁월하다.

미국에서 'FAANG'이라 불리는 인터넷 기업인 페이스북Facebook, 애플Apple, 아마존Amazon, 넷플릭스, 구글Google과 중국에서 'BAT'로 불리는 인터넷 대표 기업인 바이두Baidu, 알리바바Alibaba, 텐센트Tencent는 인터넷 플랫폼을 기반으로 데이터를 수집하며 전 세계를 상대로 사업을 하고 있다. 이들은 왜 데이터를 많이 모으는 것일까? 한마디로 돈이 되기 때문이다. 인터넷에 남긴 발자국, 즉 쇼핑, 식당 검색, 동영상 시청, 음악 청취, 게임, 앱 등의 데이터에서 정보를 분석하여 고객에게 가치를 제공하고 좋아하는 책, 의류, 상품, 식당 등을 맞춤형으로 추천해주기도 한다.

서울시에서 운영하는 심야버스 노선들도 시민이 사용하는 휴대폰 빅데이터 분석을 활용한 사례라 할 수 있다. 최근에는 의학계에서도 빅데이터를 활용하여 신약을 개발하거나 유전자 기술을 연구하고 있다. 환자의 질병을 예측하고 맞춤형 치료는 물론 암을 진단하거나 예방할 수도 있다고 한다. 고려대의료원은 국가전략 프로젝트인 '정밀의료 차세대 병원정보 시스템' 사업으로 연세대 세브란스병원, 삼성서울병원, 아주대의료원, 가천대 길병원 등 전국 10여 개 병원과 함께 클라우드 기반의 정밀의료 플랫폼을 개발하고 있다.[16]

매년 각국의 인터넷 기업에서는 값싼 쇼핑 행사가 경쟁적으로 열리고 있다. 알리바바의 중국 광군제 행사, 미국 아마존의 블랙프라이데이 세일, 국내 쇼핑몰 기업들의 블랙프라이데이 세일이 성황을 이루고 있다. 이러한 행사 모두 데이터를 얼마나 잘 활용하여 고객에게 맞춤형 서비스를 제공하느냐에 성패가 달려 있다.

이제는 데이터를 활용하지 않고는 어떤 기업도 살아남을 수 없다. 인터넷 기업만이 데이터에 목숨을 거는 것은 아니다. 자율주행차도 데이터가 생명이다. 자율주행차 경쟁이 치열하지만 결국에는 누가 얼마나 많은 주행 데이터를 가지고 안전하게 운행할 것인가가 승패를 결정하게 될 것이다.

4차 산업혁명 시대는 데이터가 돈이 되는 '데이터 자본주의 사회'다. 데이터를 이해하고 잘 활용하면 돈이 된다. 데이터 기반의 기업, 국가가 더 잘살게 된다. 데이터를 가진 기업, 국가가 세상을 지배하는 시대가 된다.

3. 개인 맞춤형 가치 사회

아마존에서 책을 주문하고 나면, 접속할 때마다 내가 좋아할 만한 도서를 추천한다. 내가 무슨 책을 구매했는지 알고, 관심을 가질 만한 책을 추천하는 개인 맞춤형 서비스를 제공한다. 넷플릭스도 내가 좋아할 영화나 미드를 추천하여 놀라운 경험을 선사하고 있다. 쿠팡도 고객에게 좋은 경험을 선사하기 위해 로켓배송을 하고 고객감동 이벤트를 벌이기도 한다.

1909년 헨리 포드는 모델 T를 조립 생산하면서 "이제는 누구든지 원하는 색의 자동차를 소유할 수 있습니다. 색상이 검정이라면 말이죠"라고 큰소리를 쳤다. 요즘은 검은색보다 흰색, 빨간색, 파란색 등 다양한 색깔의 자동차를 타고 다니는 사람들이 더 많다. 자동차 생산 라인에서도 내가 주문한 색으로 쉽게 도색할 수 있다. 나만의 색깔을 주문할 수도 있는 세상이다.

개인이 좋으니 기업도 좋다. 자동차를 대량생산하면 판매하기까지 짧으면 1주, 길게는 1년 가까이 재고가 쌓여 자금 압박을 받았다. 반면 온라인으로 자동차를 판매하게 되면 어떤 일이 벌어질까? 구매자가 온라인에서 원하는 사양을 선택하면, 마지막에 원하는 차를 화면으로 보여준다. 전후좌우 세밀하게 확인하고, 만족하면 구매를 선택한다. 결제하면 바로 기업에 입금이 된다. 기업은 돈을 받고 생산하여 배송하면 된다.

그리고 과거에는 자동차 보험회사와 정비 서비스 회사가 각각 따로 있었지만, 이제는 기술적으로 한 회사가 보험과 정비 서비스를 한꺼번에 제공할 수 있다. 실제로 중국의 징동닷컴은 자동차 제조사로부터 자동차를 공급받아 판매, 자동차 평점, 배송, 보험, 수리 서비스, 액세서리 등 제조 이외의 모든 관련 제품과 서비스를 제공하고 있다. 개인에 맞는 자동차 관련 경험을 한꺼번에 제공할 수 있는 기회를 포착하여 사업을 확장하고 있다. 징동닷컴의 사업 초기에는 자동차 제조회사들이 같이 거래할지를 선택할 수 있었다. 하지만 1억 7천만 명가량의 회원을 가진 징동닷컴은 이제 어느 자동차 회사를 선택하여 판매할 것인가를 결정할 수 있는 위치에 서게 되었다. 흔히 말하는 갑이 을이 되고, 을이 갑이 된 상황이 벌어진 것이다.

개인 맞춤형 가치를 위한 개별 사양 생산방식이 반드시 대량생산방식보다 비싼 원가를 요구하는 것은 아니다. 나만의 제품을 갖거나 서비스를 받고 싶어 하는 고객에게 '멋지고 놀라운' 경험을 선사하여 가치를 제공하는 것이 차이일 뿐이다. 하지만 개인 맞춤형 가치 사회에서 성공하기 위해서는 고객에게 전하는 가치가 제품과 서비스를 통한 경험으로 실체화되는 것을 정확히 이해해야 한다. 나의 경험이 가치를 가늠하는 척도가 되기 때문이다.

가령, 내가 스타벅스로 커피를 마시러 가는 이유는 스타벅스만의 경험과 가치를 느껴서다. 경험을 느끼게 하는 궁극적인 목표는 가치를 각인시키는 것이다. 미국의 조셉 파인Joseph Pine 교수와 제임스 길모어James Gilmore 교수는 1999년 출간한 그들의 저서 《체험의 경제학 The Experience Economy》을 통해 "이제는 더 이상 기존의 상품과 서비스로는 고객들에게 경제적 가치를 창출할 수 없다"고 단언하며 "체험 또는 경험을 통해 가치를 제공하는 모습으로 진화해야 한다"고 주장했다. 그렇다. 내가 받은 특별한 경험은 나에게 특별한 가치를 제공한다. 따라서 사랑을 고백하거나 청혼하는 사람이 어떻게 상대에게 생애 최고의 경험을 줄 수 있을까를 고민하는 것 이상의 연구, 고민, 실행이 개인은 물론 기업에도 필요하다. 그래야 개인의 브랜드화가 이루어지고, 기업은 시장에서 살아남아 지속가능한 성장을 담보할 수 있다.

초연결 사회의 신인류,
호모 커넥서스

    4차 산업혁명 시대는 초연결 사회, 데이터 자본주의 사회, 개인 맞춤형 가치 사회의 시대다. 필자는 여기서 초연결 사회를 살아가는 신인류를 호모 커넥서스Homo Connexus로 명명한다. 호모 커넥서스는 현실 세계와 디지털 세계가 초연결된 사회를 거침없이 즐기면서 협업하여 새로운 가치를 만들며 살아가는 인류, 즉 인터넷과 디지털 스마트 기기를 통해 현실 세계와 가상 세계로 초연결된 인간이다.

    이들은 초연결된 네트워크를 통해 인간과 인간, 인간과 기계뿐 아니라 자본, 역량 등을 연결하여 함께 일하는 협업자이자 팀 빌더Team Builder다. 호모 커넥서스는 가상 세계에서의 연결로 지리적 한계와 그에 따른 소통의 어려움을 극복하고, 카카오톡, 위챗, 스카이프, 구글 행아웃 등 디지털 소통 도구를 적극적으로 활용하여 바로 옆에 있듯이 자유롭게 논의하거나 토의하는 소통의 달인이다. 그들은 탁월한 공감 능력으로 다양한 사람들을 보듬고 배려한다. 현실 공간과 디지털 공간의 거리가 허물어지니 시간적, 경제적 거리뿐 아니라 감각적 거리도 극복하는 초연결 신인류가 된 것이다. 호모 커넥서스는 지도 밖으로 행군하며 새로운 지도를 그려가는 선구자이자 개척자다. 다양한 조각들을 조합하여 가치를 창조하는 통섭자이자, 개방과 공유로 집단지성을 모아 더 나은 세상을 만들어가는 글로벌 협업자다.

호모 커넥서스의 특성에 대해 자세히 살펴보자.

새로운 지도를 그리는 개척자

호모 커넥서스는 자유롭고 느슨하게 팀을 이루지만, 달성하려는 가치나 목표에는 하나로 뭉쳐 아무리 어려운 일이라도 해결해나가는 선구자이자 개척자다. 그들은 불확실한 미래에도 주눅 들지 않는다. 혼자보다는 여럿이 모여 더 큰 힘을 발휘할 수 있다는 것을 알기 때문이다. 그들은 지도 위에 머물거나 기존의 해결 방안에 안주하지 않는다. 문제를 본질적으로 파악하고 해결 방안, 목적, 비전 등을 제시하며, 꾸준히 팀원들과 생각을 공유하고 같은 목표를 향해 나아간다. 그들은 또한 다양한 경험과 언어, 문화, 관습, 의견을 가진 인재들을 등용하는 선구적인 안목을 가지고 있다. 아울러 새로운 목적지를 향해 없는 길을 만들고 헤쳐나가는 개척자로 나침반과 북극성만 보고도 방향을 잃지 않고 팀원들을 이끈다. 도중에 여러 난관과 장애를 만나도 자신 있게 그것을 극복하는 맥가이버 같은 전천후 모험자이고 해결자다.

우리에게는 다행히도 동시대를 살아가는 호모 커넥서스의 롤모델이 있어 보고 배울 수가 있다. 그 대표 주자인 아마존닷컴의 제프 베조스, 알리바바의 마윈, 소프트뱅크의 손정의에 대해 간단히 알아보자.

아마존닷컴의 창업자인 제프 베조스는 인터넷의 발전 가능성을 보고 인터넷 서점, 인공지능 비서 알렉사, 온라인 약국 등 새로운 사업을 지속적으로 시도하고 있다. 요즘 '아마존화되었다'는 말은 '아마존으로 인해 기존 사업이 망했다'는 뜻으로 통한다. 이 말처럼 그는 기존 산업을 송두리째 흔드는 대담함으로 남이 보지 못하거나 안주하는 곳에서 기존 지도를 새로운 지도로 갈아엎고 있다.

알리바바의 마윈 회장은 창업할 때 "기술도, 자금도, 계획도 없었다"고 고백했다. 오로지 "천하에 어려운 장사가 없게 하라"는 비전으로 몇 명이 의기투합하여 새로운 지도를 그려가고 있다. 그 과정에서 장애물과 편견을 물리치며 오늘도 그 비전을 이루기 위해 우직하게 나아가고 있다.

소프트뱅크의 손정의 회장은 거대한 NTT의 아성을 넘어 고객들에게 더 싸게 통신 서비스를 제공하기 위해 사업을 시작했다. 그는 미국의 제3통신사인 스프린트를 인수하고, 알리바바 창업 초기에 서슴없이 거액을 투자한 IT계의 선구자이자 개척자다. 또한 세계적인 휴대폰 반도체 설계 회사인 암ARM을 인수하여 세상을 깜짝 놀라게 하기도 했다. 30년이 아닌 300년 존속 기업을 실현하기 위해 그는 오늘도 한 발짝 한 발짝 미래를 향해 나아가고 있다.

이들은 하늘을 나는 연이 바람을 마주 보고 더 높이 날듯, 태풍 앞에서 각자 맡은 역할을 묵묵히 올바로 수행하면서 협동이 흐트러지지 않도록 선장의 지혜를 발휘하고 있다. 태풍이 위대한 선장을 만들 듯 개척자인 호모 커넥서스는 장애와 난관을 통해 더 나은 리더, 존경받는 리더로 성장한다.

다양한 조합으로 가치를 창조하는 통섭자

호모 커넥서스는 다양한 센서, 기계, 설비, 데이터, 컴퓨팅 기술, 아날로그 기술과 데이터, 사물, 기후, 환경을 포함한 여러 분야에서 일한다. 그들은 다양한 인종, 언어, 경험, 문화, 관습, 비즈니스, 산업 분야, 환경, 지리적 위치, 기술 역량 등 서로 같은 부분이 별로 없는 인재들과 같이 일하고, 다양한 아이디어와 의견의 일치, 불일치, 때로는 긴장과 갈등에도 흔들리지 않으며, 다양한 의견과 아이디어를 내도록 독려한다. 그들은 다양한 질문을 하면서 왜 그렇게 생각하는지를 이해하려고 한다. 그리고 때로는 일부러 그러한 분위기를 조성하기도 하며, 서로 위치를 바꿔 다른 관점에서 토론하고 생각하도록 유도하기도 한다.

호모 커넥서스는 획일적인 문화, 조직, 경험, 언어보다는 다양한 조직, 기업, 인재들과 함께 일하는 것을 더 선호한다. 다양한 분야에 호기심과 관심을 가지고 있고, 늘 배우고자 하는 마음가짐으로 겸손하게 임한다. 그리고 다른 언어, 관습, 문화, 유산, 나라, 음식, 생활 등도 존중한다.

다양성은 틀림이 아니라 다름이다. '다른 것'들의 조합은 아름다운 작품을 만드는 바탕이 된다. 첼리스트 장한나와 나이가 세 배 이상 더 많은 가야금 명인 황병기 선생이 '음악 친구'가 된 것도[17] 다양성과 존경심의 결과다. 그리고 양악과 국악이 어우러져 청중들에게 더 좋은 음악을 선사하는 것도 다양성이 주는 선물이다.

우리는 이 다양성에 더욱 많은 노력을 기울여야 한다. 우리나라에는 이미 100만 명이 넘는 외국인들이 살고 있다. 하지만 그들 중 특히 외국인 노동자를 업신여기거나 비하하는 모습이 자주 눈에 띈다. 어디 그뿐인가. 장애인, 노인, 저소득 계층 등 사회적 약자를 배려하는 문화도 아직은 부족하다.

우리가 호모 커넥서스가 되기 위한 첫 번째 길은 다양성을 인정하는 것이다. 인종, 언어, 음식, 문화, 관습 등의 다름과 다양함을 인정해야 다른 나라 사람들과 같이 일할 수 있다. 다름을 인정해야 마음이 열린다. 두 번째 길은 언어다. 글로벌 통용 언어는 다들 알고 있듯이 영어다. 다른 언어를 사용하는 사람들과 영어로 소통하는 것이 중요하다. 외교부터 비즈니스 소통까지 영어가 익숙해지면 말이 통하고 일이 통한다.

다양성이란 크기, 모양, 빛깔, 형태, 언어, 전통, 습관, 인종, 양식 따위가 여러 가지로 많은 특성을 말한다. 영어로 'Diversity'라고 한다. 케임브리지 사전에는 '여러 가지로 많은 다른 형태의 것들이나 사람들이 포함된 사실', '다른 사물이나 사람들의 범위'로 정의되어 있다. 또 '어떤 것에 대한 많은 다른 생각이나 의견들이 있는 사실'이라고도 한다. 그렇다. 다양성은 사물이나 사람들이 다른 것들, 즉 인종, 언어, 관습, 문화, 성별, 지리적 위치, 크기, 모양, 형태, 빛깔, 양식, 일하는 방식 등이 여러 가지로 다른 것들을 의미한다. 또한 다른 생각이나 의견, 내성적 성향이나 외향적 성향 등 인간의 다른 면도 포함한다.

다양성은 인재, 문화, 경험, 언어 등 개인적인 다양성만을 이야기하는 것이 아니다. 기업도 지속적으로 성장하고 오랫동안 살아남기 위해 사업을 다양하게 펼쳐간다. 우리나라와 같이 재벌기업이 경제 주체가 되어 있는 국가에서는 특히 그렇다. 다음은 다양성에 관한 일본 소프트뱅크 손정의 회장의 일화다.[18]

2000년 10월, 스물다섯의 미키 다케노부가 손정의 사장을 만났다.

"자네, 300년 동안 지속될 기업을 만드는 데 필요한 것이 뭐라고 생각하지?"

미키는 분명히 이것이 입사 면접이라고 생각했다. 그런데 왜 300년 기업일까? 전혀 생각지도 못한 질문이었다. 잠시 생각해본 뒤 미키는 한마디로 짧게 대답했다.

"다양성입니다."

손정의가 외쳤다.

"바로 그거야!"

손정의는 벌떡 일어나더니 책상의 수화기를 들었다.

"인사부장 오라고 해."

어리둥절하게 이 모습을 바라보고 있는 미키에게 한마디 했다.

"자네, 당장 우리 회사로 오게."

손정의 회장은 군전략群戰略으로 다양성과 독립성을 유지하며 연합 기업들이 유기적으로 나아갈 때 300년 동안 존속할 기업을 일구어낼 수 있다고 믿었다.[19] 바로 미키가 손정의 회장이 가슴에 품고 있던 정답을 말한 것이다. 참고로 손정의 회장이 추진하는 군전략이란 서로 다른 분야나 브랜드, 비즈니스 모델을 가졌더라도 자본과 사업으로 동지적 결합을 하지만 독립성을 유지하며 경영하고 협력하여 연합 목표를 향해 동행하는 전략을 말한다. 손정의 회장은 서로 윈윈win-win하여 300년을 존속하는 기업으로 키워나가기 위해서는 다양성과 독립성이 필요하다고 생각했다. 다양한 기업, 자본, 사업을 조합하여 최고 가치를 창조하는 통섭자, 호모 커넥서스였던 것이다.

개방과 공유로 집단지성을 모으는 글로벌 협업자

호모 커넥서스는 다양한 인재들을 품어 협업으로 이끈다. 인종, 언어, 문화, 관습, 일하는 방식, 생각하는 방식, 경험, 전공, 직종, 산업 등 여러 다른 부분을 잘 이해하고 조합한다. 그들은 대중의 힘을 믿고 다양한 아이디어를 모아 더 좋은 아이디어로 승화시킨다. 호모 커넥서스는 실용적이며 소통을 잘하고, 비판적 사고력, 문제 해결 능력, 여럿이 모여 더 큰 가치를 창출하는 역량, 협업력, 통합력을 보유하고 있다.

최재천 교수는 "이 세상에서 손잡지 않고 살아남은 생명은 없다"[20]고 말했다. 같이 모여 협동하면서 호모 커넥서스는 다양한 사람들을 연결하고, 다양한 스마트 기기들을 활용하여 함께 같은 가치, 더 나은 가치를 창출하도록 이끈다.

OECD에서 발표한 2017년 디지털 혁신 관련 과학기술 통계에 따르면, 대한민국은 과학과 혁신 분야에서 국제적 협력 수준이 가장 낮은 국가 중 하나로 조사되었다. 공동발명 특허의 3.4%, 국제 공동 저자로 참여한 과학 출판물의 26.4%를 차지하는 정도에 지나지 않았다.[21] 유감스러운 일이 아닐 수 없다. 특히 과학과 혁신 분야의 연구는 국제적 협력이 절실하다.

과거 기계화 시대, 대량생산 시대에는 천재 한 사람이 10만 명을 먹여 살릴 수 있었다. 하지만 혼자서 일하는 천재의 시대는 지났다. 디지털 시대, 초연결 시대에는 천재 몇 사람보다는 대중이 모여 지혜를 찾는 것이 힘이 된다. '우리가 나보다 똑똑한' 시대, 집단지성의 시대가 온 것이다. 이를 위해서는 개방과 공유, 협업이 절대적이다. 브리태니커와 위키피디아의 경우에서 우리는 그 단초를 찾을 수 있다.

1786년 설립된 이래 220여 년간 세계 최고의 백과사전으로 불리던 브리태니커는 2010년 32권을 마지막으로 더 이상 종이 사전을 출판하지 않고 있다. 내 손 안의 백과사전, 인터넷으로 연결된 수많은 기여자들이 만들어가는 위키피디아에 두 손을 든 것이다. 브리태니커 백과사전을 제작하는 사람은 2008년 기준 4,411명이었다. 반면에 위키피디아는 인터넷을 통해 누구나 편집할 수 있다. 2018년 9월 7일 기준으로 34,407,938명이 기여하고 있고, 이 중 123,774명이 적극적으로 편집에 참여하고 있다.[22] 개방과 공유, 협업을 통한 대중의 지혜가 브리태니커 사전에 담긴 지식을 뛰어넘게 되었다. 집단지성Collective Intelligence의 힘이다.

미국 잡지 〈뉴요커The New Yorker〉의 칼럼리스트 제임스 서로위키James Surowiecki는 2004년 출간한 그의 저서 《대중의 지혜The wisdom of crowds》에서 집단지성을 '대중의 지혜'로 명명하고 있다. 대중의 지혜를 한마디로 표현하면, "누가 천재인지 찾아다니기보다는 대중에게 답을 물어보는 것이 현명하다"는 것이라고 서로위키는 말한다.

그렇다면 집단지성, 대중의 지혜는 어떻게 얻어지는가? 다양한 사람들이 모이는 집단에서 중요한 것은 개인들이 스스로 생각하고 서로 다름을 인정하는 다양성, 독립성, 협업성이다. 다양한 의견을 중재하거나 타협하거나 무시하는 것이 아니라 다름을 인정하는 것이 중요하다. 그러기 위해 각 개인들은 스스로 생각할 수 있는 독립적 사고 능력, 가치관, 철학이 필요하다. 개인들이 가능한 한 독립적으로 사고하고, 올바른 가치관과 자신감을 갖는 것도 중요하다. 그렇지 않으면 군중심리에 휩쓸려 다수의 횡포가 나타날 수 있기 때문이다.

과거에는 기업마다 인재를 확보하는 데 많은 어려움이 있었다. 주변 지역이나 국가에서 기업에 필요한 인재를 채용하는 것은 한계가 있기 때문이었다. 오라클에 합병된 선 마이크로시스템즈Sun Microsystems의 공동 창립자 중 한 사람인 빌 조이Bill Joy는 인재 확보의 어려움을 "세계에서 가장 똑똑한 인재는 우리를 위해 일하지 않는다. 대부분의 똑똑한 인재들은 다른 사람들을 위해 일한다"[23]는 말로 표현했다. 미국에서 똑똑한 인재들이 모이는 실리콘밸리 기업이 이런 실정이니 다른 기업은 말할 것도 없다.

다행히 삼성은 1990년대부터 전 세계의 유능한 인재들을 영입하기 시작했다. 1994년 일본의 요시카와 료조를 개발 혁신을 위해 영입한 후, 2000년대에는 외국의 수많은 인재들을 등용했다. 해외 지사나 연구소에서도 유능한 인재들을 적극적으로 영입하여 이제는 글로벌 기업으로 성장하는 데 큰 기여를 하고 있다. 오랫동안 많은 노력과 투자를 한 결과다.

호모 커넥서스는 물리적 현실 세계, 디지털 가상 세계, 생물학적 영역의 많은 인간, 사물, 자연 등 모든 것과 초연결超連結된 신인류, 초연인超連人이다. 호모 커넥서스는 인터넷을 통해 다양한 인재들과 교류한다. 인터넷으로 같이 일하고 싶은 인재들을 쉽게 모으고, 물리적·지리적으로 멀리 떨어져 있더라도 가상 공간에 널려 있는 협동 작업 공간을 통해 서로 얼굴을 보며 토론하고 의견을 교환하며 같이 협업한다.

협업에서 또 다른 중요한 사항은 '얼마나 같은 목표를 향해 나아가느냐'다. 아무리 드림팀이라 할지라도 각자 목표와 방향이 다르면 목적지에 제대로 도달할 수 없다. 서로 자기가 최고라는 생각에 제멋대로 공을 차면 아무리 훌륭한 선수들이 모인 드림팀이라 할지라도 약

팀에게 질 수밖에 없다. 실제로 우리는 그런 경우를 보지 않았던가. 2018년 러시아 월드컵에서 1% 승률이라던 대한민국 대표팀이 독일을 2 : 0으로 이겼던 짜릿함이 기억에 생생할 것이다. 당시 독일 팀은 콩가루 집안이라는 분석이 지배적이었다. 우리는 2018 자카르타·팔렘방 아시안게임에서 정반대의 경우도 경험했다. 당시 한국 U-23 축구 대표팀은 약체 말레이시아를 만나 우왕좌왕하다가 2 : 1로 패했다. 비단 스포츠뿐이겠는가. 비즈니스나 기업도 마찬가지다.

오픈소스Opensource 전문가 에릭 레이몬드Eric Raymond는 "충분히 많은 눈이 있으면 버그를 쉽게 찾을 수 있다"고 말했다. 이것은 오픈 운영체제OS인 리눅스Linux의 창시자 리누스 토발즈Linus Torvalds의 이름을 따서 리누스 법칙Linus's Law이라 부른다. 소프트웨어에 들어 있는 오류도 여러 사람이 모이면 쉽게 발견할 수 있다.

2장

호모 커넥서스가
살아가는 모습

입만 갖고 산다

전화가 비싸서 전보를 보내려고 우체국에 가던 시절이 있었다. 나이가 지긋한 분들은 기억할 것이다. 전화가 가정마다 보급되고, 휴대폰이 온 국민에게 보급된 지 벌써 몇십 년이 흘렀다. 로터리 다이얼 전화기를 어린아이에게 보여주었더니 손가락으로 쿡쿡 찍었다는 우스갯소리도 있다. 어린 학생들은 그것이 무엇인지 모를 것이다. 이처럼 음성통화를 위해 손가락을 사용하는 시대가 점점 역사 속으로 사라지고 있다.

카톡 문자를 보내려고 안경 너머로 열심히 타이핑하는 어르신들을 심심찮게 본다. 그들 중 카톡의 음성 인식 기능을 아는 사람은 많지 않은 것 같다. 최근에는 말을 하면 음성을 인식하여 문자로 변환하는 기능도 생겨났다. 애플의 시리, 삼성의 빅스비도 음성을 인식한다. 이제 우리는 음성으로 웬만한 스마트 기기와 소통하고 있다. 인공지능 스마트 비서가 점점 우리 생활에 침투하고 있는 현실의 모습이다.

인공지능 비서 '알렉사Alexa'와 이야기를 나눠본 적이 있는가? "○○에게 전화해줘!" 하면 연락처에서 전화번호를 찾아내 전화를 건다. 휴대폰이나 스마트폰에서 손가락으로 지시하던 것이 입만 벙긋하면 가능한 시대로 넘어가고 있다. 인공지능 스피커가 그 일을 대신하고 있기 때문이다.

아마존의 인공지능 비서인 알렉사는 2014년 11월 6일 인공지능 스피커인 아마존 에코Echo에 장착된 가상 비서로 출시되었다. 그로 인해 인공지능 스마트 스피커 시대가 열렸고, 이후 여러 모델이 나왔다. 최근에 출시된 LG전자의 인공지능 스피커도 알렉사를 지원할 것이라고 한다. 현재 알렉사 스킬이라는 앱은 미국에서만 3만 개를 넘을 정도로 인기가 많다. 에코 인공지능 스피커 판매량은 2017년 2,200여만 대로 전 세계 시장의 79.6%를 차지했다. 구글, 애플, 알리바바, 샤오미, KT, SKT, LG, 삼성, 카카오, 네이버 등 많은 기업에서 인공지능 스피커를 출시하면서 점점 경쟁이 치열해지고 있다. 덩달아 인공지능 스피커 시장은 세계에서 가장 빠르게 성장하는 소비 기술 시장이 되고 있다. IT 시장조사 업체인 카날리스Canalys의 보고서에 따르면,[1] 2018년 1분기 인공지능 스피커 판매량은 구글이 320만 개를 판매하여 32.6%로 1위를 차지했다. 그 뒤를 이어 아마존이 27.7%인 250만 개로 2위에 올랐다. 2018년 1분기 세계 3대 인공지능 스피커 시장은 미국이 410만 개, 중국이 180만 개, 한국이 73만 개를 판매한 것으로 보고되었다. 국내도 예외는 아니다. KT의 기가지니GiGA Genie, SKT의 누구NUGU, 네이버의 클로바Clova, 카카오의 미니c 등 경쟁이 치열하다.

[그림 4] 인공지능 스피커 제품들

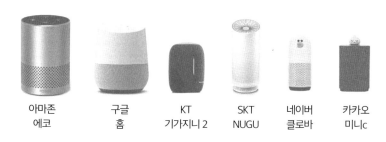

아마존   구글   KT   SKT   네이버   카카오
에코   홈   기가지니 2   NUGU   클로바   미니c

[출처: 각 회사 홈페이지]

그렇다면 입만 벙긋하면 원하는 정보, 음악, 동영상를 알려주는 인공지능 스마트 스피커가 마냥 편리하기만 할까? 그것들은 우리 삶에 어떤 영향을 미칠까?

한 살배기 아기가 "엄마", "아빠"보다 "알렉사"를 먼저 말한다면 어떤 기분일까? 실제로 이런 일이 일어났다. 영국에서 한 살 된 조 브래디Joe Brady가 "엄마", "아빠"보다 "알렉사"를 먼저 말해 부모를 놀라게 했다.[2] 조부모와 같이 생활하면서 알렉사를 배웠던 아이는 "알렉사"를 먼저 불렀지만 알렉사가 알아듣지 못했다고 한다. 2018년 6월 현재 18개월이 된 조는 다행히 다른 아이와 마찬가지로 장난감을 좋아한다고 한다.

비서가 하던 일을 인공지능 스마트 비서가 하게 될 줄 누가 상상이나 했겠는가. 인공지능이 과연 인간을 뛰어넘는 지능을 가질 수 있을까? 가능하다면 그 시기는 언제쯤일까? 그러면 우리는 무엇을 하게 될까? 아이들이 인공지능 가사도우미와 더 친해지면 엄마, 아빠는 무엇을 하게 될까? 아이들의 정서에는 어떤 영향을 미칠까? 스마트폰처럼 중독될까? 중독되면 어떻게 해야 할까? 걱정 반 기대 반이다. 앞으로 세상이 어떻게 바뀔지 두고 볼 일이다.

인공지능이
인간을 넘어선다

　2016년 3월에 있었던 세기의 대결, 이세돌 대 알파고의 바둑 대국. 결과는 알파고가 4 : 1로 이겼다. 나아가 2017년 5월 알파고는 세계 바둑 챔피언인 중국의 커제를 누르고 세계 챔피언에 등극했다. 그리고 더 이상 인간과 바둑을 두지 않기로 했다. 알파고는 현재 바둑계를 은퇴하고 과학자들을 도울 수 있는 새로운 분야로 진출하려고 준비 중이다. 질병 치료나 혁신적인 새로운 소재를 발명할 수도 있을 것이다. 수많은 알파고가 우리 삶을 어떻게 바꿔놓을지 자못 기대가 된다.

　'인공지능'이라는 용어는 1956년 미국 뉴햄프셔 하노버의 다트머스대학교Dartmouth College에서 수학과 조교수로 있던 존 맥카시John McCarthy가 처음 사용했다. "지능적이라고 할 수 있는 사람의 행동을 하는 기계를 만드는 기술"이라고 맥카시는 인공지능을 표현했다. 미국 스탠퍼드대학교 법정보학센터의 제리 카플란Jerry Kaplan 교수는 '인조지능', 즉 사람이 만든 지능이라고 말하기도 한다. '만든 기계'라는 느낌이 있는 표현이라 두려움이 덜하다.

우리는 알파고를 신경망을 활용한 심층학습이 가능한 컴퓨터 시스템이라고 말한다. 신경망이란 바로 인간의 뇌신경망을 모방한 컴퓨터 네트워크라는 의미다. 우리가 책을 읽으면 눈을 통해 뇌에 전달되고 정보가 저장된다. 나중에 필요할 때 그 정보를 끄집어내어 말하기도 하고, 토론도 하고, 다시 배우기도 한다. 1,250~1,400g의 무게를 가진 뇌는 약 1,000억 개의 신경세포가 서로 연결되어 신경망을 이루고 있다고 알려져 있다. 정보가 뇌에 전달되고 저장되어 다른 정보와 연계되면서 새로운 정보를 만들어내는 뇌를 우리는 아직도 잘 모르고 있다.

인공지능이란 뇌신경망이 작동하는 방식으로 학습하고 행동하는 것을 말한다. 이 학습이 바로 딥러닝Deep Learning, 즉 심층학습이다. 심층학습의 깊이가 점점 더해지면 기계는 과연 인간의 지능을 넘어서게 될까? 미래학자들은 그렇다고 주장한다. 세계적인 미래학자이자 혁신 기업가이며 싱귤래리티대학교Singularity University의 공동 설립자인 피터 디아만디스Peter Diamandis는 2018년 8월 20일 미국 샌프란시스코에서 열린 '싱귤래리티대학교 연례포럼 2018' 개막식에서 "인공지능 기계가 인간의 지능을 뛰어넘을 시간이 오고 있다"고 말했다.[3] 그 시기가 2035년이란다. 기계가 인간의 지능을 뛰어넘는 시점을 칭하는 특이점singularity이 점점 빨라져 당초 2045년 예상에서 2035년으로 앞당겨졌다고 한다. 2035년 이후 우리는 어떤 삶을 살지 궁금하기도 하고 기대가 되기도 하며 두렵기도 하다.

미국 시애틀에 살고 있는 이제 돌이 지난 내 둘째 손자는 시키지 않았는데도 기어 다니다가 스스로 일어서려고 애를 쓴다. 일어서면 곧 뒤뚱뒤뚱 걸을 것이다. 엄마나 아빠, 형이 가르쳐주어서 기어다니는 것도, 일어서는 것도, 걷는 것도 아니다. 우리 몸에 있는 DNA가 시간이 되면 스위치가 커지고 스스로 시도하면서 결국에는 통달하는 인간의 능력, 우리에게는 너무나 쉬운 일이다.

그러나 인간에게는 아주 쉽고 자연적인 행동들을 로봇은 스스로 할수 없다. 모라벡의 역설Moravec's Paradox로 유명한 로봇공학자 한스 모라벡Hans Moravec이 관찰한 대로 지능 검사나 서양 장기에서 어른 수준의 성능을 발휘하는 컴퓨터를 만드는 것은 상대적으로 쉬운 반면, 지각이나 이동 능력 면에서 한 살짜리 아기만 한 능력을 컴퓨터에게 하도록 하는 일은 어렵거나 불가능하다.

영국 인류미래연구소Future of Humanity Institute 학자들은 "인공지능 발전 시기를 예견한 전문가들의 일반적인 신뢰도는 아주 낮은 것으로 보인다"고 주장했다.[4] 그들은 초창기 다트머스대 컨퍼런스에서부터 미래학자 레이 커즈와일Ray Kurzweil의 저서 《21세기 호모 사피엔스Age of Spiritual Machines》까지 중요한 인공지능 발전을 예견한 다섯 건을 분석한 결과 이 같은 결론에 이르렀다고 말했다.

그렇다면 인공지능 기계들은 인간이 가지고 있는 데이터로 학습시키지 않으면 아무것도 하지 못하는 깡통일까? 기계학습이나 심층학습으로 나날이 우리 뇌가 이해하는 대로 실행하는 알고리듬이 개발 중이어서 인공지능이 발전하는 것은 사실이다. 하지만 인간의 지능 어느 한 부분을, 특히 인간이 한계를 가지고 있는 일부 기능을 잘한다고 인간의 모든 능력을 다 넘어서는 것은 아니다. 인공지능이 2035년이면 우리 지능을 넘어서리라는 디아만디스의 예견도 많은 인공지능 예견자들과 같은 장밋빛 전망일지, 정확한 예견일지는 두고 볼 일이다.

3

싸고 빠르게
입맛에 맞춘다

　온라인 서점 아마존이 개인 맞춤형 서적 추천 서비스로 고객들의 마음을 사로잡고 있다. 이 서비스는 서적을 장르별로 분류하여 과거에 구매했거나 검색한 서적을 기반으로 관심을 가질 만한 책을 추천한다. 식료품, 의류, 동영상, 드라마 등 TV 프로그램을 주문해도 마찬가지다. 나의 기호를 분석하여 내 입맛에 맞게 추천한다. 아마존의 데이터 분석 기술 덕분이다. 세탁용 가루비누가 떨어지기 전에 휴대용 대시 완드Dash Wand에 대고 말하면 바로 결제, 주문, 배송된다. 대시 완드에도 알렉사 인공지능 비서가 탑재되어 있기 때문이다. 인공지능 스피커 에코Echo에 말해도 된다.

[그림 5] 아마존의 대시 완드와 에코 룩

[출처: 아마존닷컴 웹페이지]

아마존 에코 룩echo look은 장착된 카메라와 기계학습 인공지능 기술로 고객의 의상을 분석하여 입을 옷을 추천해주는 개인 의상 스타일 비서다. 집에 있는 내 옷들을 기억해 오늘 저녁 모임에 입고 갈 옷을 추천하기도 한다. 옷장에 마땅한 옷이 없으면 바로 구매하여 모임에 멋진 옷을 입고 갈 수도 있다. 세상 참 편해졌다.

아마존은 고객의 입맛에 맞는 제품과 서비스를 제공하기 위한 빅데이터 분석 기술이 탁월하다. 빠르게 배송하기 위한 물류 시스템도 세계 최고다. 아마존에서 주문하고 결제하면 제품이 배송 트럭에 실리기까지 평균 30분밖에 걸리지 않는다. 다른 회사의 평균인 120분의 25% 수준이다. 아마존은 물류 시스템을 다른 회사들도 이용할 수 있도록 사업화했다. 고객이 구매할 제품을 예측하여 미리 가까운 물류센터에 가져다 놓는 기술을 개발하여 특허를 받았다. 새로운 물류망을 통해 제품이 빠르게 소비자에게 전달되니 제품 가격도 싸지기 시작했다. 중간 도매상이 없어지거나 새로운 유통업체가 등장했다. 쿠팡 로켓배송이나 아마존 2시간 배송 모두 빠르게 배송하여 고객을 사로잡기 위한 경쟁의 산물이다.

아마존은 전 세계 곳곳에서 물류센터를 운영하고 있으며, 10만 대 이상의 로봇이 일한다. 알리바바도 2018년 광군제 행사를 앞두고 최첨단 로봇 물류센터를 새로 지었다. 중국 장쑤성에 위치한 3만 제곱미터의 물류센터에서 로봇 700대가 24시간 사람들과 같이 일한다. 아마존이나 알리바바 물류센터에서는 고객이 주문한 물품이 담겨 있는 이동식 선반을 로봇이 포장하는 사람에게 가져온다. 사람은 이 물품을 포장하여 배송 단계로 보내는 작업을 한다.

우리나라 인터넷 쇼핑 기업들도 개인 맞춤형 서비스를 제공하고 있다. 하지만 아마존이나 알리바바에 비하면 개선의 여지가 많다. 다만 배송 서비스는 타의 추종을 불허한다. 책을 오전에 주문하면 오후에 배송하거나 인터넷으로 주문하고 1시간이 지나면 서점에서 책을 수령할 수도 있다.

유통업체만 노력해서 제품이 저렴해지는 것은 아니다. 제품을 제조하는 제조 회사들도 원가 경쟁이 치열하다. 개인 맞춤형 제조라 해서 원가가 높아지면 경쟁력이 약화된다. 원가를 낮추기 위해 다양한 기술을 융합하며 협력 업체들과 손을 잡고 함께 노력한다. 세계 5위의 제조강국인 우리나라의 제조업이 그동안 글로벌 경쟁력을 갖게 된 이유 중 하나가 가격 경쟁력이다. 같은 혹은 더 좋은 품질의 제품에 가격까지 저렴했다. 그 길을 중국이 쫓아오고 있다. 값은 싸지만 품질은 좋지 않은 제품이 중국산이었지만, 최근에는 중국 제품의 품질이 좋아지고 가격까지 저렴한 경우가 비일비재하다. 김치, 깍두기, 고춧가루, 채소를 비롯한 여러 중국산 제품이 우리 밥상에 올라온 지 오래되었다. 국내에서 중국산 USB 저장장치, 스마트폰 배터리, 폭염에 손마다 들려 있던 손풍기도 시장을 지배한 지 꽤 되었다.

나이키, 아디다스 같은 스포츠웨어 회사들도 발 모양에 맞거나, 원하는 색깔과 재질의 개인 맞춤형 제품을 주문 제작하고 있다. 아디다스는 동남아에 있는 신발공장을 독일 현지로 옮겨 로봇과 3D 프린팅 기술을 융합한 개인 맞춤형 신발 스마트공장을 운영하고 있다. 미국, 일본 등지로 확장할 계획이라고 한다.

우리나라 제조업도 이에 질세라 제조업 혁신, 스마트팩토리 구축에 열을 올리고 있다. 스마트팩토리는 제조 공장에 정보통신 기술과 데이터 기술을 융합하여 데이터 기반으로 변신한 공장이다. 이는 공장뿐만 아니라 기업체, 협력 업체까지 아우르는 제조 생태계의 혁신이다. 삼성전자, SK하이닉스, LG디스플레이, 포스코, LS산전을 비롯한 여러 기업들이 이미 스마트팩토리로 변신하여 생산성, 효율성, 원가 경쟁력, 경영 성과를 개선하고 있다.

중소기업이지만 국내 1위, 세계 4위의 자동차 엔진 피스톤 제조 회사인 동양피스톤도 국내 스마트팩토리의 대표 공장으로 선정되어 데이터 기반의 스마트팩토리 기술을 적용했다. 스마트공장을 구축한 지 1년 만에 생산성은 10% 향상되고, 불량률은 26% 감소했다. BMW

Mini 차량에 공급하는 피스톤에는 QR코드가 레이저로 새겨져 있다.

[그림 6] QR코드가 새겨진 자동차 피스톤

[출처: 동양피스톤, 저자 촬영]

QR코드에는 원재료, 주물 온도 등 여러 가지 제품 생산 정보가 포함되어 있다. BMW의 글로벌 품질관리 책임자가 공장을 방문하고는 "동양피스톤의 스마트제조 시스템은 세계 최고 수준이다"[5]라고 말했다고 한다.

이제는 제조에서부터 개인 맞춤형 주문을 받아 생산하고 배송하는 시대가 되었다. 대량생산과 재고관리보다는 주문, 결제, 맞춤형 생산으로 제조업 패러다임이 바뀌고 있다. 제품만 생산하던 방식에서 서비스, 개인 맞춤형 솔루션까지 제공하기도 한다. 고객에게 멋진 경험을 제공하여 고객이 가치를 느끼도록 만들어야 경쟁에서 이길 수 있기 때문이다. 4차 산업혁명 시대에는 개인 맞춤형 제품과 서비스가 삶을 더 편하고 안전하고 즐겁게 만들어 멋지고 놀라운 경험을 선사하게 될 것이다. 바로 당신만을 위해서.

나만의 미드,
나 혼자 영화관을 즐긴다

혼밥, 혼술, 혼영 등 혼자 생활의 전성시대다.

최근 국내 미디어 시장에서 돌풍을 일으키며 안방극장을 휩쓸고 있는 온라인 동영상 스트리밍 서비스 회사로 넷플릭스가 있다. 넷플릭스는 국내뿐 아니라 미국 미디어 시장을 재편한 괴짜로 유명하다. DVD 렌탈 우편 배송 서비스로 시작해서 온라인 동영상 스트리밍 서비스를 넘어 이제는 영화까지 자체 제작하며 전 세계 미디어 시장을 송두리째 바꿔놓은 넷플릭스. 2019년 3월 말 기준, 190여 개국 1억 4,800여만 명의 가입자에게 미드, 영화, 다큐멘터리, TV 프로그램 등 다양한 콘텐츠를 제공하고 있다. 동영상 스트리밍 서비스 세계 시장 점유율 약 30%를 차지하고 있고, 미국에서만 가입자 6,000여만 명이다. 2016년 1월 진출한 국내에는 240여만 명이 가입한 것으로 예측되고 있다.

넷플릭스는 1997년 창립해 20년 만에 미디어 시장을 재편하는 단초를 제공했다. DVD 렌탈 서비스로 당시 최대 비디오테이프 렌탈 서비스 기업인 블록버스터를 넘어뜨리고 HBO 케이블 방송사와 어깨를 나란히 하며 치열하게 경쟁하고 있다. 1972년에 설립된 가장 오래된 HBO 케이블 방송사는 이제 동영상 스트리밍 사업과 케이블 방송으로 넷플릭스와 경쟁을 하는 데 어려움을 겪고 있다. 2016년 10월 AT&T가 타임워너Time Warner를 인수하면서 이제는 HBO가 AT&T의 자회사가 되었지만, 2015년 4월 들어서야 동영상 스트리밍 서비스를 하는 등 경쟁에서 뒤떨어진 채 안간힘을 쓰고 있는 상황이다. 월트 디즈니Walt Disney도 넷플릭스에 대항하기 위해 2018년 6월 미국 동영상 서비스 2위인 Hulu를 포함한 21세기폭스The 21st Century Fox를 713억 달러약 80조 7,829억 원에 인수하기에 이르렀다.

오늘날처럼 빠르게 변화하는 시장에서 넷플릭스는 고객이 원하는 콘텐츠를 가장 쉽고 빠르게 찾도록 해준다. 또한 좋아할 만한 미드나 영화를 추천해주는 나만의 첫 화면으로 고객들에게 멋지고 놀라운 경험을 제공하고 있다. 어디 그뿐인가. 고전 영화도 볼 수 있고, 넷플릭스가 자체 제작한 영화나 드라마도 볼 수 있다. 또한 최근에는 인기리에 방영된 〈미스터 선샤인〉 제작에 거액을 투자하기도 했다. TV나 케이블 방송에서 보여주는 것만 시청하던 사람들이 내가 원하는 시간에 원하는 영화나 드라마를 시청할 수 있으니 얼마나 좋겠는가.

2018년 11월부터 LG유플러스가 국내에서 넷플릭스와 제휴 서비스를 시작했다. 통신사가 넷플릭스와 제휴를 한다고? 그렇다. 통신사들은 유무선 통신망과 서비스, 인터넷 망과 서비스를 제공하고 있지만 통신 서비스 매출은 나날이 줄고 있다. 서비스와 고객 유치 경쟁이 치열하기 때문이다. 음성통화는 이제 거의 무료다. 나아가 카톡, 구글 등이 인터넷 통화를 무료로 제공하니 음성 서비스 매출은 지속적으로 감소하고 있다. 무선통화나 데이터 서비스도 가격 경쟁이 치열하다. 인터넷 서비스 사업은 망 설치비, 임대료 등이 경쟁으로 점점 낮아지고 있다. 영화나 미드 등 콘텐츠를 함께 제공하지 않으면 매출이 줄어 경영 상황이 어렵게 된다. 통신사들이 사활을 걸고 콘텐츠를 제공하여 통신망에 가치를 부여하는 서비스 사업에 나서는 이유다.

케이블 방송사를 포함한 국내 미디어 사업자들도 힘들기는 마찬가지다. 너무 많은 투자가 필요한 자체 콘텐츠 제작은 사실상 쉽지 않다. 미국 드라마를 선호하는 젊은 층을 만족시키는 데도 한계가 있다. 심화되는 국내 기업들의 경쟁 속에 넷플릭스까지 국내에 진출하니 모두 좌불안석이다.

넷플릭스가 국내에 진출하자 국내 미디어 기업들은 밥그릇 빼앗길까봐 난리가 났다. 방송통신 미디어 업계는 넷플릭스의 국내 진출을 막기 위해 규제가 필요하다고 아우성이었다. 넷플릭스가 진출하여 국내 미디어 시장에서 위세를 떨치기 시작하자 국내 기업들도 적극적으로 대응하기 시작했다. 이로 인해 미국에서도 일어나고 있듯이 국내에서도 통신 기업, 미디어 기업들이 인수합병하는 움직임이 활발해질 전망이다.

콘텐츠 공룡이 진출한다고 규제를 요구하는 것은 이제 손으로 햇빛 가리기에 불과하다. 이미 유튜브를 통해 동영상 시장이 급변하고 있으며, 미드가 젊은이들의 마음을 훔치고 있는 현실이다. 위기를 기회로 삼아 독특한 콘텐츠로 차별화된 미디어를 제공할 수 있어야 생존 경쟁에서 살아남을 수 있을 것이다. 아니면 넷플릭스와 손잡고 콘텐츠를 제작하여 전 세계에 한류 열풍을 불게 하든지. 광풍이 몰아치고 있는 미디어 시장에서 우리 기업은 높은 울타리를 두른 채 시장과 고객은 등한시하고 있지는 않은지 생각해볼 필요가 있지 않을까?

집안 식구가
늘어난다

인공지능만 미래를 변화시키는 것이 아니다. 최근에 최저임금 상승으로 어려움을 겪는 가운데 자동화가 더욱 가속화되고 있다. 자동화하면 제일 먼저 떠오르는 것으로 공장의 로봇이 있다. 거대한 로봇들이 자동차 생산라인에 즐비하게 늘어서서 작업하는 모습을 TV를 통해 많이 보았을 것이다. 요즘은 식당에 주문 키오스크가 부쩍 늘었다. 패스트푸드점, 국숫집, 우동집 등에 나날이 늘고 있는 메뉴 주문 키오스크는 한마디로 우리와 같이 살고 있는 협동로봇이라고 할 수 있다.

공장에서도 많은 로봇들이 일한다. 제조 현장에서 로봇을 제일 많이 사용하는 나라는 어디일까? 국제로봇협회International Federation of Robotics가 2018년 2월 발표한 통계에 따르면 우리나라다. 제조 종사자 1만 명당 산업용 로봇이 631대로 세계 최고다. 세계 평균 74대보다 여덟 배가 넘는다. 공장에 있는 산업용 로봇은 이제까지 우리가 프로그램한 것만 실행했다. 다른 임무를 부여하려면 로봇 프로그램을 바꿔야 했다. 자동화 시대에 맹활약하고 있는 이러한 로봇에 최근 인공지능을 탑재하기 시작했다. 작고 가벼운 로봇도 생겼다. 그 결과 우리 바로 옆에 붙어 앉아 힘든 일을 도와주기도 한다. 이를 협동로봇이라고 부른다. 가격도 저렴해졌다. 약 3천만 원 정도면 구입할 수 있다. 이 녀석은 휴가도 휴식도 없이 계속 일한다. 외국인 노동비자도 필요 없다. 24시간 일하면서 불평도 하지 않는다. 3천만 원에 구입한 로봇이 하루 12시간, 일주일에 60시간씩 52주를 일한다고 가정하면, 시간당 임금은 9,616원이다. 지금 추세대로 최저임금이 상승한다면 많은 기업의 사장은 사람을 고용할까, 로봇을 고용할까 고민하지 않을 수 없다.

2013년 개봉한 영화 〈그녀Her〉를 기억하는가? 주인공 테오도르가 사만다와 사랑에 빠진다. 평범한 사랑이 주제다. 문제는 사만다가 인공지능 여성이라는 사실이다. 테오도르의 친구는 "사만다가 사실은 운영체제Operating System"라는 말을 듣고는 놀라 "OS와 사귄다고? 느낌이 어떤데?" 하고 묻는다. 결혼하기 어렵고, 연애도 하기 싫고, 혼밥, 혼술을 즐기는 외로운 사람들이 많은 요즘, 당신은 인공지능 연인을 사귀는 것에 대해 어떻게 생각하는가? 그리고 나아가 결혼에 대해서는 어떻게 생각하는가?

2017년 6월 30일 도쿄의 한 교회에서 일본 남성이 결혼식을 올렸다. 신랑은 HTC Vive라는 가상현실 안경을 끼고 신부를 맞는다. 신부는 가상현실 데이트 시뮬레이션 게임에 나오는 캐릭터로 가상현실 여성이다.[6] 실제 인간인 신랑은 가상현실 여성을 신부로 맞이하는 데 두려움이나 어색함이 전혀 없었다. 앞서 2009년 12월 19일에도 도쿄의 한 남성이 닌텐도 DS 게임 〈Love Plus〉의 캐릭터 '네네'와 결혼식을 올린 일이 있었다. Sal 9000이라는 ID를 가진 스물일곱 살의 남성은 3개월여 기간 동안 '네네'와 사귀면서 깊은 사랑에 빠져 결혼하게 되었다고 고백했다.[7] 신랑은 '네네'의 캐릭터를 사랑하는 것이지 기계를 사랑하는 것이 아니라고 잘라 말했다. '네네'와의 사랑으로 인간 여자친구가 필요하다고 느끼지 않는다는 고백을 들으니 아찔하기도 하고 재미있기도 하다.

일본에서는 캐릭터, 인공지능, 가상현실의 이성과 교제하는 데이트 게임이 상당히 인기 있다고 한다. 특히 일본 남성들이 사람들에게 자기의 감정을 실제로 표현하기는 어려워하지만, 가상현실에서는 쉽게 표현할 수 있기 때문이라고 한다.

최근 우리 가정에도 청소 로봇이 많이 사용되고 있다. 인공지능을 탑재한 청소 로봇이 실제로 도둑을 물리친 일도 있었다.[8] 이스라엘 중부에 위치한 홀론Holon에 사는 코비 오제르Kobi Ozer는 사무실에서 일하던 중, 스마트폰으로 사진 여러 장을 받았다. 집에 있는 LG전자 로봇 청소기 '홈봇Hom-Bot'이 보낸 사진들이었다. 사진에는 집에 침입한 도둑의 실루엣이 보였다. 사진을 보고 놀란 오제르는 경찰과 이웃에게 즉시 전화를 걸었다. 다행히 파손이나 도난 등 피해는 없었다. 현지에서는 홈봇의 사진 찍는 소리에 도둑이 놀라 황급히 도망간 것으로 보고 있다. 이 사연은 오제르가 LG전자 서비스센터에 홈봇이 도둑을 퇴치해줬다며 고맙다는 전화를 하면서 알려지게 되었다. 홈봇이 오제르의 집을 지킨 것은 '홈가드' 기능 덕분이었다. 이는 집 안에서 움직임을 감지하면 홈봇이 연속해서 사진을 촬영해 집주인의 스마트폰으로 전송해주는 인공지능 기능이다.

　로봇이 청소만 하는 것은 아니다. 가사도우미, 간호도우미도 대신하기 시작했다. 일본 노인요양원에서는 페퍼 로봇이 노인들에게 운동을 시키기도 하고 말동무가 되기도 한다. 치매 예방용으로 활용되고 있는 것이다. 우리나라 간병인들이 로봇으로 대체될 날도 머지 않아 보인다.

　하지만 어디까지나 로봇은 기계다. 캐릭터는 사랑하지만 기계는 사랑하지 않는다는 일본 청년을 보라. 아무리 생김새가 우리와 비슷한 휴머노이드 로봇이라 하더라도 사람처럼 생각하고 감정도 풍부할까? 미국의 유명한 로봇공학자이자 UCLA 기계항공공학과 교수인 데니스 홍Dennis Hong은 이렇게 말한다.

　"공상과학 영화에서처럼 인공지능 발달로 조만간 사람처럼 생각하고 감정도 풍부한 로봇이 나올 거라고 많이들 생각하던데, 나는 현실적으로 불가능할 수도 있다고 본다. AI 전문가인 앤드루 응 교수도 'AI 로봇이 인간을 공격하고 지배할 거란 걱정은 아직 발도 붙이지 못한 화성의 인구 과잉을 걱정하는 것과 같다'고 하지 않았나. AI는 매우 유용한 도구다. 도구를 무서워할 필요는 없다. 말 타던 시대에 갑자기 자동차가 말보다 빨리 달린다고 무서워하진 않은 것과 같은 이치다.

어떻게 잘 이용할지만 생각하면 된다."⁹

이제껏 로봇은 우리에게 필요한 도구였다. 그러나 이제는 로봇도 우리 식구가 되고, 동반자가 될 것이다. 일본에서는 3년 이내에 각 가정이 적어도 한 대 이상의 도우미 로봇을 가질 것으로 예상하고 있다. 우리나라 가정도 이에 뒤지지 않을 것 같다. 우리가 할 일은 홍 교수가 말한 대로 어떻게 로봇을 이용할지를 생각하는 것이 아닐까? 아빠, 엄마 역할을 빼앗겼다고 화를 낼 것인가, 즐길 것인가? 그것이 문제다.

자동차가 운전하고
나는 영화를 보며 출근한다

당신은 하루 몇 분을 출퇴근하는 데 소요하고 있는가? 국토교통부가 발표한 자료에 따르면,[10] 서울시는 96.4분, 인천시 92.0분, 경기도 91.7분으로 수도권 지역 출퇴근 시간이 1시간 30분 이상으로 나타났다. 심지어 동탄, 위례, 양주를 비롯한 2기 신도시 주민들은 출퇴근에 4시간이나 걸리는 경우도 있다는 최근 신문 기사[11]를 보았을 때, 출퇴근 전쟁이 갈수록 심해지고 있음을 알 수 있다. 더욱이 우리나라 자가용 승용차 등록 대수는 매년 늘어나고 있다. 2010년 13,125,000대에서 2016년 16,505,000대로 25.8%나 늘어났다. 가구당 승용차 보유 대수도 2016년 0.86대로 2010년 0.75대에 비해 14.7% 상승했다. 이에 따라 하루 평균 승용차 통행량도 2010년 대비 2016년에는 13% 증가했다.[12]

그렇다면 자율주행차가 등장하면 출퇴근 전쟁이 없어질까? 대부분의 교통 전문가들은 자율주행차 시대가 오면 전체 자동차 대수가 많이 줄 것으로 예측하고 있다. 자동차를 소유하기보다는 공유하는 사람들이 늘어나 자동차 대수가 현저히 줄어들 것이라는 것이다. 교통사고 또한 매우 줄어들 것이라고 한다. 당연히 교통 체증도 완화되고 교통 흐름도 빨라질 것이다. 어서 그런 세상이 오면 좋겠다.

하지만 완전한 자율주행차 시대가 오기 전에 이미 공유 자동차 시대가 열렸다. 우리나라에서는 공유 자동차 쏘카, 그린카, 피플카를 포함하여 이제 겨우 시작이지만 말이다.

미국의 우버Uber와 리프트Lyft, 싱가포르의 그랩Grab, 중국의 디디추싱滴滴出行, 우리나라의 카카오택시 등은 스마트폰으로 택시를 이용하는 편리함을 제공해주는 새로운 차량 호출 서비스들이다. 모두 스마트폰 앱으로 승객과 택시를 연결해주는 점은 같고, 차량이 정규 택시인지 일반 승용차인지는 국가마다 다르다. 결제 방식도 현금이나 신용카드로 직접 하거나 미리 등록한 신용카드로 자동 결제를 하거나, 또는 모바일 간편 결제를 지원하는 등이 조금 다를 뿐이다. 국가에 따라 운송에 관한 법률이 다르기 때문이다.

일반 승용차로 택시 서비스가 가능한 미국에서 우버와 리프트는 앱으로 호출한 후 타고 내리면 미리 등록한 신용카드로 자동 결제가 된다. 싱가포르의 그랩은 미국과 우리나라 방식의 혼합형이라고 생각하면 된다. 정규 택시나 일반 승용차를 호출할 수 있으며, 결제도 현금이나 신용카드로 직접 할 수도 있고 미리 등록한 신용카드로 자동 결제할 수도 있다. 중국 디디추싱도 정규 택시나 일반 승용차를 이용할 수 있고, 결제는 모바일 간편결제를 지원한다. 길거리 노숙자들까지도 현금보다는 QR코드를 활용한 알리페이, 위챗페이 등 모바일 간편결제를 받는다는 중국인지라 신용카드보다는 모바일 결제가 더 애용되고 있음을 반영한다.

차량 호출 서비스가 제일 활발한 곳은 단연 미국이다. 옐로우 캡이라 불리는 정규 택시보다 더 많다. 공항에는 택시 승강장과 우버, 리프트 승강장에 대한 안내판이 같이 붙어 있을 정도다. 길거리에서도 일반 승용차에 우버나 리프트 스티커를 붙이고 다니는 차량을 많이 볼수 있다. 정규 택시와 우버, 리프트 차량이 공존한다.

우리나라는 정규 택시만 택시 서비스가 가능하다. 카카오택시는 승객과 택시기사를 연결해주는 앱이고 내릴 때 현금이나 신용카드, 또는 미리 등록한 신용카드로 결제할 수 있다. 우리나라는 택시기사들이 반발하여 아직 우버가 상용화되지 못하고 카카오택시 앱이 택시기사와 승객을 연결하는 정도에서 차량 호출 서비스를 제공하고 있다. 그렇다면 우리나라 택시기사들이 우버와 같은 차량 호출 서비스를 얼마나 오래 막을 수 있을까? 일본의 경우를 살펴보면 우리나라도 5년이내에 택시기사 생계가 심각하게 위협을 받지 않을까 예견된다.

일본은 2020년 도쿄올림픽까지 완전 자율주행 택시를 상용화할 계획이다. 지난 2018년 8월 27일부터 9월 27일까지 도쿄 도심 오테마치에서 롯폰기에 이르는 5.3km 구간에서 자율주행 택시가 손님을 태우고 하루 네 차례 시험운행을 했다.[13] 자율주행 택시의 첫 고객이 된 40대 남성은 "의식하지 않으면 자율주행 차량이라고 알 수 없을 정도였다"고 소감을 밝혔다. 자율주행 택시는 예약은 물론 문을 열거나 요금을 지불하는 것도 승객이 스마트폰에 설치한 전용 앱을 통해 이루어졌다. 요금은 편도 1,500엔약 15,000원 수준이었다. 택시기사들의 고령화로 인해 기사 부족이 예상되어 미리 대비한 조치다.

우리나라도 택시기사들의 고령화로 인해 심야운행 기피 현상과 아울러 사고까지 일어나고 있다는 보고가 있었다. 머니투데이는 개인택시의 심야운행 기피가 고령화에 기인한다는 기사에서[14] "서울연구원이 2016년 발간한 정책 리포트에 따르면, 60~64세 개인택시 기사의 운행률은 37~47%로 60세 미만 기사의 심야운행률 53~65%보다 현저히 떨어진다. 65세 이상 69세 미만 기사의 운행률은 27~34%, 70세 이상은 17~24%로 고령 운전자일수록 심야운행 기피 현상이 두드러졌다"고 지적했다. 2018년 12월 31일 기준, 서울시에만 개인택시 기사가 49,225명이다.[15] 이들 가운데 60대는 25,068명으로 50.93%로 집계되었다. 70대는 8,950명으로 18.18%를 차지하고 80대 이상도 232명이나 된다.

일본에서도 자율주행 택시로 인해 택시기사들의 일자리가 줄어들 것이라는 예상과 우려가 존재한다. 하지만 택시기사들의 고령화로 인한 안전문제를 생각할 때 어떤 대책이 합당한지를 심각하게 고민해야 할 것이다. 우리나라도 일본의 경우를 참고하여 택시기사들의 고령화에 대한 각 지자체의 적극적인 대책이 마련되고 안전이 보장되기를 기대한다.

5년 내에 무인비행 택시도 상용화[16]가 실현될 가능성이 대두되고 있다. 영국 항공업체 버티컬 에어로스페이스Vertical Aerospace는 전기만으로 구동되는 수직 이착륙 소형 항공기를 만들었다. 우버도 2020년에 소형 항공기 시험비행을 시작해, 2023년까지 미국 LA와 댈러스를 포함해 국제도시 세 곳에서 항공택시를 개시할 계획이라고 한다.

2006년 미국 MIT 출신들이 창업한 플라잉카Flying Car 제조기업 테라퓨지아Terrafugia는 현재 미국에서만 판매되는 279,000달러약 3억 1,200만 원짜리 첫 모델 '트랜지션Transition'을 대상으로 2018년 7월부터 예약금 1만 달러와 함께 사전예약을 받고 있다.[17] 실제 플라잉카는 2019년부터 생산될 예정이다. '트랜지션'은 2인승으로 하이브리드 전기자동차와 프로펠러 구동 항공기가 결합한 형태다. 양쪽 날개를 세워 접고 도로를 주행하다가 비행 모드로 전환하면 날개가 펴진다. 주행 모드에서 비행 모드로 바꾸는 데 40초가량 걸린다고 한다. 도로 주행 속도는 최대 시속 113km, 하늘 위에서의 비행 속도는 최대 시속 160km까지로 알려져 있다.[18] 최대 비행 거리는 640km로 서울에서 부산까지의 약 1.6배 정도다. 전자항공정보 시스템과 낙하산 시스템도 갖췄다고 한다. 플라잉카를 구매하고 싶다면 운전면허 이외에 조종사 면허도 있어야 한다. 미래를 위해 조종사 면허를 취득하는 것은 어떨까 싶다.

얼마 안 있어 나를 제치고 자율주행차가 운전하는 날이 올 것이다. 그냥 편안하게 앉아서 음악을 듣거나 영화를 감상하며 출퇴근하는 모습을 상상해보라. 운전할 필요가 없는 완전 자율주행차를 타고 당신이 가장 하고 싶은 것은 무엇인가? 미국 자동차보험센터가 미국, 영국, 중국, 일본, 호주, 인도를 포함한 전 세계 2,000명 이상 성인 운전자를 대상으로 물었다.[19] '독서'가 2.9%로 가장 높았고, 친구나 가족과의 전화 통화가 2.8%, 2.7%인 업무, TV 시청, 영화 감상이 공동으로 그 뒤를 이었다. 식사 2.3%, 비디오 게임 2.2%, 취침도 2.0%를 차지했다. 우리나라 대학생들에게 물어보니 음악 감상이 대부분이었다는 이야기도 있다.

당신은 무엇을 가장 하고 싶은가? 자율주행차 시대가 다가오면서 이제 차 안에서 즐길 여러 가지 취미 생활도 꽃을 피우고, 출퇴근 시간도 즐거워지지 않을까 싶다. 적어도 출퇴근 시간만이라도 스트레스가 없어진다면 하루하루가 훨씬 더 행복하지 않을까?

편하고 풍요로운 삶이
펼쳐진다

아침에 비서가 살며시 잠을 깨우고, 커피와 빵을 대접하고, 식사하는 동안 뉴스와 오늘 회의 일정, 날씨를 알려준다. 아주 인간적이고 자연스럽고 부드럽게 나를 대접하는 비서는 인공지능 휴머노이드 로봇이다. 어떤 옷차림이 오늘 날씨나 회의에 어울릴지 알려준다. 옷을 입고 나면 자율주행차가 제시간에 대문 앞에 대기하고 있다. 자율주행차를 타고 즐겁게 모차르트 교향곡을 벗삼아 회의 자료를 읽으며 출근한다. 자율주행차들로 인해 교통 흐름이 매끄럽다. 교통 체증이 없으니 출근 시간이 즐겁고 행복하다. 사무실에 들어서니 인공지능 비서가 반긴다. 회의 준비도, 이메일 답장도, 점심 식사를 위한 식당 예약도 잘 마무리되었다. 퇴근 후 가족들과의 식사 예약, 메뉴도 다 잘 처리하고 있다. 아이들도 학교에 잘 데려다주었고, 방과 후 축구 시합에도 제시간에 도착했다. 2025년 어느 날의 풍속도다.

이제껏 언급한 대로 반복적이고 프로그램으로 가능하며 복잡한 계산 등 기계가 사람보다 더 잘할 수 있는 일은 컴퓨터나 로봇, 인공지능이 수행한다. 최근에는 노동이 주 52시간으로 줄어드니 여유 시간이 늘어 교육시장이 다양해졌다.

창의성을 즐기는 인간다운 삶이 다시 오고 있다. 왜 그럴까? 여유시간이 넉넉해지기 때문이다. 캘리그라피, 미술, 어학, 주짓수, 조리, 목공, 바리스타, 향초, 화장, 색소폰, 바이올린, 기타 등 취미 생활을 위한 학원, 서적, 동우회 활동 등이 늘어났다. 인간다운 활동을 하며 삶다운 삶을 살 수 있는 여유롭고 풍요로운 시대가 우리에게 다가오고 있다.

그렇다면 인간다운 활동은 어떤 일들일까? 한국고용정보원이 연구한 미래 일자리 분야에서 인간의 감성과 창조성에 기초한 예술 분야가 최상위를 차지했다.[20] 화가, 조각가, 사진작가, 작가, 연주자, 지휘자, 만화가 등 모두 인간의 감성을 움직이는 예술 분야다. 스마트폰을 가진 우리는 이미 모두 사진작가다. 또한 쉽게 배우는 색소폰, 기타, 클라리넷 등 여러 가지 악기로 인생을 즐기는 사람들이 많아졌다. 국민소득 3만 달러 시대에 들어서면서 많은 사람들이 악기를 배우기 시작했다는 이야기도 있다. 기술이 발전하면서 인간적인 삶을 더욱 그리워하는 심리가 아닐까 싶다.

인간 고유의 창의성이 다시 필요한 시대가 되었다. 기술이 인간에게 적용되기 위해서는 창의성이 필요하다. 얼마나 친화적으로 인간에게 다가올 것인가? 인공지능 스피커도 인간을 배제하면 필요가 없다. 어떻게 일상생활에서 우리를 위한 인공지능 스피커가 될 것인가? 어떻게 하면 소통하는 데 거부감이 없을까? 인간의 창의성이 필요한 부분들이다.

손수 운전하다가 자율주행차를 타고 다니다 보니 시간 여유가 많아졌다. 교통 체증도 없어졌다. 가족들과 지내는 시간이 늘어났다. 음악을 듣거나 운동할 시간도 넉넉해졌다. 제품 품질도 좋아졌지만 가격은 오히려 저렴해졌다. 소득에 비해 풍족한 생활을 할 수 있게 되었다. 풍요의 시대가 되었다. 마음도 풍요로워지니 그동안 하고 싶었던 취미 생활을 하면서 즐겁게 살아야겠다는 생각을 한다. 악기를 배우거나 미술 활동을 하면서 행복한 삶을 영위하며 즐기는 인생을 살 수 있게 된다. 4차 산업혁명이 가져다주는 행복한 미래의 삶이다.

로봇에게 세금을 받자는 빌 게이츠의 주장도 한편으로는 일리가 있다. 사람을 대신해 일하니 세금을 받아 인간 복지에 써야 할 수도 있다. 손정의 회장이 예견한 대로 50년 후면 모든 일자리는 인공지능으로 대체될까? 인공지능 로봇이 일도 하고 세금도 내며, 사람들은 기본 소득으로 살아가는 기계와 인간이 공존하는 세상이 올 수도 있다. 그때가 오기 전에 지금부터 어떤 삶을 살 것인지 잘 준비해야 할 것이다. 오래전에 손을 놓았던 기타를 집어든다. 새싹 움트는 봄에는 색소폰을 불고 싶다.

3장

호모 커넥서스가
만들어가는 사회

모든 것이 연결되고
투명한 사회로 간다

2018년 러시아 월드컵 최고 이변이었던 대한민국 대 독일 전. 2018년 6월 27일, 세계 최강 독일 팀을 상대로 1%의 예상을 깨고 승리를 한 날이다. 이 패배로 독일은 1938년 이후 처음으로 월드컵 1차 예선에 진출하지 못했다. 한국 팀은 이 경기에서 118km를 뛰어 115km를 뛴 독일 팀보다 더 많은 거리를 달렸고, 결국 경기에서 이겼다.

손흥민 선수는 2018년 러시아 월드컵 대회에서 세 게임에 출전하여 270분 동안 28.7km를 뛰어 게임당 평균 9.57km를 뛰었다.[1] 축구 경기 중계를 시청할 때마다 팀의 공 점유율, 선수가 뛴 거리 등이 자막으로 나오는 것을 보게 된다. 경기를 이해하는 데 도움이 될 뿐만 아니라 더욱 재미있게 관전할 수 있다. 그런데 이런 정보가 어떻게 가능할까? 정답은 선수에게 부착된 자그마한 센서에 있다. 유니폼이나 조끼에 부착된 센서가 선수들이 뛰는 거리, 달리는 속도, 뛰는 횟수 등을 기록한다. 이 데이터를 분석하여 공 점유율, 공격 점유율, 수비 점유율, 뛴 거리 등 다양한 정보를 경기 중에 감독에게 전달한다. 감독이나 코치들은 스마트 기기로 정보를 분석하여 선수 상태를 파악하고, 전략을 점검하기도 한다. 덕분에 시청자들은 더욱 재미있게 경기를 시청할 수 있다.

[그림 7] 센서를 부착한 선수용 조끼

[출처: Catapult Sports 홈페이지]

스마트폰을 가지고 다니면 어디를 가든지 디지털 발자국이 가상 공간에 차곡차곡 기록된다. 스마트워치를 차고 다니면 심장박동 수, 운동 경로, 운동량 등을 측정하여 실시간으로 알려준다. 심장 질환이 있는 사람의 경우, 원하면 응급 상황을 담당 의사에게 알려 긴급 대응을 하기도 한다. 스마트폰이나 스마트워치가 바로 우리 몸에 부착된 센서이고 사물인터넷으로 연결된 스마트 장치가 되는 것이다.

기계나 설비, 자동차에도 많은 사물인터넷 센서가 장착되어 각종 정보를 수집하고 공유한다. 데이터를 분석하면 기계 상태, 자동차 운행 정보 등을 쉽게 알 수 있고, 나아가 고장이 나기 전에 미리 정비할 수도 있다. 내비게이션 앱을 켜고 운전하면 운전 습관을 알려주기도 한다. 과속, 급과속, 급감속, 주행 환경 등을 고려하여 계산한다.[2] 안전하게 운전하면 차량보험금을 할인하는 혜택도 있다.

BMW 차량 화재 사건으로 인해 사람들은 차량에 많은 센서들이 장착되어 데이터를 수집 분석하는 기능이 중요하다는 것을 깨닫게 되었다. 자동차뿐만이 아니다. 한 번 사고로 몇백 명의 목숨을 앗아갈 수 있는 항공기는 더 치밀하다.

GE가 개발한 최신 항공 엔진에는 5,000여 개의 센서가 장착되어 운항 중에도 데이터를 생성하고 전송한다. 엔진 운행 정보를 실시간으로 모니터링하여 항공사들에 최적의 유지보수 서비스를 제공하고 있다. 2014년 3월 8일, 승객 239명을 태운 말레이시아항공사 소속 MH370편은 쿠알라룸푸르를 떠나 베이징으로 향하던 중 이륙한 지 38분 만에 인도양 니코바르제도 인근에서 마지막으로 레이더에 포착된 후 실종되었다. 5년이 지난 지금까지도 사고 원인뿐 아니라 기체의 위치도 전혀 파악하지 못하고 있다. MH370편 보잉 777 항공기에 장착된 엔진의 제조사인 롤스로이스는 엔진에서 전송받은 데이터를 바탕으로 해당 비행기가 알려진 마지막 위치로부터 4시간을 더 운항했다고 발표했다.[3] 롤스로이스도 항공 엔진에서 운항 중 데이터를 수집·분석하고 있음을 알 수 있다.

축구 선수의 유니폼뿐 아니라 우리가 입는 옷에도 센서가 붙어 미래에는 스마트 의류가 될 것이다. 이미 2018년 평창 동계올림픽에 참가한 미국 대표팀은 첨단 탄성섬유와 실버 잉크 소재, 웨어러블 사물인터넷 기술로 제작된 첨단 '발열 파카'를 입었다. 배터리 전기로 온도를 3단계로 조절하여 추위에 대비할 수 있는 첨단 의류였다. 스포츠 의류회사인 언더아머Under Armour는 원적외선 패턴을 생성하여 숙면을 도와주는 스마트잠옷을 판매하고 있다. 운동선수들이 피로를 빠르게 회복할 수 있도록 돕는다.

우리가 입고 다니는 옷이 예전에는 스파이들이 몰래 녹음기를 숨겨 녹음하는 데 사용되기도 했지만, 이제는 스마트 의류로 진화하여 사물인터넷 장치 역할을 하고 있다. 그 때문에 의류제조사들은 더 이상 의류회사가 아닌 디지털회사라고 말하기도 한다. 조만간 회사 출입구에 "옷을 벗고 들어가세요"라는 문구가 걸릴지도 모르겠다.

세상에 있는 모든 것이 사물인터넷 장치로 가상 공간과 연결되고, 데이터로 소통하고 있다. 현금시대에서 신용카드 사회로 발전하니 지하 경제가 줄어들고 투명한 사회로 발전했듯이, 모든 것이 연결되고 데이터로 소통하니 투명한 사회가 되어가고 있다. 여기에 탈중앙형 보안기술인 블록체인이 등장하여 더욱 투명하고 신뢰할 만한 사회로 발전하게 될 것이다. 블록체인을 활용한 스마트계약은 투명하다. 투명한 사회가 두려운 사람들이 혹시 있을지도 모르겠다. 블록체인에 묶이기 전에 빨리 정리하는 것이 좋을 것이다. 음지보다는 양지가 따뜻하기 때문이다.

위장 전입,
다운계약서가 사라진다

    국회 인사청문회 때마다 등장하는 단골 메뉴가 있다. 위장 전입, 다운계약서가 그것이다. 투명하지 못한 사회가 만들어내는 공공의 적을 물리칠 방안은 없는 것일까?

    비트코인 가격이 폭락했다. 2018년 1월 7일 2,504만 원까지 최고치를 기록했다가 2018년 11월 25일 412만 원까지 떨어져 최고가 대비 80% 이상 하락했다. 2018년 6월에는 암호화폐 거래소 빗썸과 코인레일이 해킹당했다. 2018년 11월 22일 현재 전 세계 15,675개 거래소에서 2,071개의 암호화폐가 거래되고 있다. 암호화폐가 무엇이길래 이렇게 가격이 널뛰기를 하고, 거래소에서 해킹 사고까지 일어나는 것일까?

    암호화폐 비트코인Bitcoin은 가상화폐라고도 부른다. 가상화폐와 암호화폐는 같은 것일까, 다른 것일까? 가상화폐virtual currency or virtual money와 암호화폐cryptocurrency 모두 디지털화폐다. 사실 가상화폐가 반드시 디지털화폐인 것은 아니다. 놀이공원에 가면 현금 1만 원을 놀이공원 전용 500원짜리 쿠폰 20장으로 교환하여 놀이기구를 탈 때 현금처럼 사용하고, 남은 쿠폰은 다시 현금으로 교환할 수 있다. 이 놀이공원 전용 쿠폰이 가상화폐다. 옛날 버스 안내양이 있던 시절, 회수권을 낸 기억이 있는 분들은 그것을 가상화폐라고 이해하면 맞다.

가상화폐는 지폐나 동전 같은 실물이 아닌 전자적 형태electronic form로 디지털 네트워크를 통해 교환되는 디지털화폐 또는 전자화폐로 정의된다. 우리가 애용하던 싸이월드 도토리는 대표적인 가상화폐이자 디지털화폐다. 암호화폐란 교환 수단으로 고안된 디지털 자산으로 암호화 방법을 사용하여 거래 안전을 확보하고 추가적 단위 생성을 통제하며, 그 자산 이전을 인증한 가상화폐를 말한다. 디지털화폐의 일종이다.

한국은행은 2018년 7월 발행한 〈암호자산과 중앙은행〉이라는 보고서에서 암호화폐라는 용어 대신 국제사회가 발표한 암호자산Crypto-Assets이라는 용어를 사용했다. '암호화폐'보다 '암호자산'이라는 용어를 사용한 이유는 비트코인 등 암호화폐들이 첫째, 화폐로서의 핵심 특성이 결여되어 있고, 둘째, Currency라는 명칭으로 인해 일반 대중에게 화폐로 오인될 가능성이 있으며, 셋째, 현실에서 주로 투자의 대상이 되고 있다는 점을 감안한 것이라고 한다. 또한 암호자산은 블록체인Blockchain 기술에 분산원장 개념을 적용함으로써 거래의 안전성을 개선한 것으로 평가되고 있다고 설명했다. 즉, 암호자산 발행 이후 모든 거래기록이 연결되어 다수의 참여자에 의해 분산 보관됨에 따라 해커가 특정 시점의 거래정보를 조작하여 다수의 승인을 얻는 방식으로 정보를 위변조하기가 매우 어렵다는 말이다.

암호자산은 디지털 자산의 한 종류다. 디지털 자산이란 본질적으로 0이나 1의 2진법을 따르는 디지털 형태로 존재하며, 사용할 권리를 갖는 것을 말한다. 권리가 포함되지 않은 데이터는 자산으로 여기지 않는다. 디지털 자산들은 디지털 문서, 오디오 콘텐츠, 사진, 영화, 동영상, 그림을 비롯한 디지털 기기에 저장된 여러 종류의 데이터를 포함한다. 디지털 자산의 기본은 자산의 가치와 거래의 안정성이다. 가치는 시장이 정하겠지만, 거래의 안정성은 암호와 같은 보안기술로 보장될 수 있다. 블록체인 기술이 바로 거래의 안정성을 보장해준다.

그렇다면 블록체인이란 무엇인가? 자전거에 쓰는 체인인가? 블록체인은 처음으로 암호화폐를 구현한 기술이다. 즉, 블록체인은 암호화폐의 기반 기술이다. 암호화폐인 비트코인은 블록체인 기술로 구현한 하나의 서비스나 화폐 상품에 불과하다. 2008년 비트코인을 처음 개발한 사토시 나카모토Satoshi Nakamoto가 암호화폐인 비트코인이 안전하게 금융거래가 되도록 공공거래 장부를 만들어 이중지불을 방지하는 블록체인 기술을 발명했다. 중앙은행이나 중앙감독 기관이 없이도 P2PPeer-to-Peer 개인 간 네트워크를 활용하여 금융거래 내역이 들어있는 블록을 체인 형태로 거래장부에 기록해서 블록체인으로 불린다. P2P 네트워크는 인터넷상에서 개인과 개인이 직접 연결되어 정보를 공유할 수 있는 네트워크를 의미한다.

사토시는 그의 논문 〈비트코인: 개인 간 전자화폐 시스템Bitcoin: A Peer-to-Peer Electronic Cash System〉에서 "전자화폐의 완전한 P2P 버전은 금융기관을 거치지 않고 다른 사람에게 직접 온라인 결제를 하게 할 것이다"라고 주장했다.4 즉, 비트코인은 블록체인 기술을 기반으로 P2P 네트워크를 통해, 금융기관을 거치지 않고, 한 개인이 다른 개인과 전자화폐로 온라인상에서 투명성이 보장되는 믿을 수 있는 거래를 할 수 있다는 의미다.

탈중앙형 또는 분산형이라 부르는 P2P 네트워크를 활용하고 블록체인 형태의 거래장부는 전 세계 여러 사용자들의 서버에 분산하여 저장하기 때문에 해킹이 불가능하여 금융거래의 핵심인 보안을 유지하게 된다. 아이러니하게도 모두가 알고 있기에 가장 안전하다. 투명하니 안전하고 신뢰할 만하다는 것이다. 블록체인 기술의 최대 장점은 바로 보안성과 신뢰성이다. 화폐 기능에 제일 중요한 신뢰성, 즉 믿음을 제공하는 것이 바로 블록체인 기술이다.

블록체인 기술의 핵심은 P2P 네트워크와 보안 기술이다. 전 세계에 분산되어 인터넷으로 연결된 수많은 P2P 컴퓨터 네트워크를 기반으로 한다. 즉, 선 마이크로시스템즈가 슬로건으로 "네트워크는 곧 컴퓨터다Network is a computer"라고 말하듯이 글로벌 네트워크 컴퓨터 기반이다. 또한 위조나 변조, 해킹이 어렵게 만든 보안 기술이다. 블록체인 기술을 한마디로 표현하면 글로벌 분산형 신뢰 네트워크 컴퓨터다.

블록체인 기술은 탈중앙형 관리와 투명한 신뢰를 기반으로 한 새로운 경제, 즉 블록체인 경제를 형성해나갈 것으로 예상된다. 이로 인해 정치적, 사회적, 경제적 변화가 일어날 것이다.

우리가 살고 있는 경제 생태계에는 세 가지 요소가 있다. 돈, 자산, 계약이 그것이다. 즉, 지불 수단인 돈이 있고, 물건이나 서비스 등 가치가 있는 자산, 자산을 교환·거래하는 약속인 계약이 있다. 블록체인 경제 생태계에 세 요소를 적용하면 다음과 같다. 지불 수단인 돈은 암호화폐이고, 자산은 실물경제와 같은 가치가 있는 모든 것이며, 거래를 위한 약속인 스마트계약이 있다. 블록체인 기술이 계약을 투명하게 할 수 있다고 하여 '스마트계약'이라고 한다. 스마트계약이 실제로 활용된다면 어떤 변화가 일어날까?

가장 복잡하고 많은 서류가 교환되는 수출운송을 생각해보자. 우리가 호주에서 소고기를 수입하는 경우를 살펴보면, 우선 수입 서류를 호주 기업에 전송한다. 호주 축산기업에서 소고기를 생산·운송하고, 우리가 마트에서 장을 볼 때까지 수출입 관련 기관, 기업에 필요한 서류들도 정말 많다. 생산자, 운송기업, 선사, 정부기관, 은행, 항구관리회사, 도매상 등 평균 30여 개의 기업과 기관들이 수출입 업무에 관여하고 있다.[5] 그럼에도 각 기업이나 기관들이 관리하는 분류코드, 시스템 등이 다르기에 시간도 많이 걸린다. 물류 운송 과정마다 서류와 물건을 점검하고 통관을 기다리는 등 물류 프로세스는 복잡하고 시일도 오래 걸린다. 물건은 도착했는데 서류 검증으로 항구에 묶여 있는 경우도 다반사다.

이러한 해상 물류 프로세스를 블록체인 기술을 활용해 개선하고자 세계 최대 선사인 머스크Maersk와 IBM이 합작법인을 설립했다. 그리고 트레이드렌즈TradeLens라고 명명된 블록체인 물류 플랫폼을 시범 적용한 결과, 물류 운송 시간을 40%나 줄였다고 한다.6 종이 서류를 블록체인 기술을 적용한 디지털 서류로 전환하고 물류 운송, 통관, 유통 장애를 제거했기 때문이다. 이처럼 일관성 있는 분류 체계, 메세지 표준화, 블록체인 기술을 적용하면 안전한 경제 생태계를 만들 수 있다. IBM은 블록체인 기술을 활용할 경우 유통산업에서 380억 달러약 42조 4,500억 원가 절약될 것으로 예측하고 있다.7 블록체인 기술은 유통산업뿐 아니라 산업 공급망 관리, 해외 직접구매 탈세 방지, 전자투표, 게임, 부동산 거래를 포함한 여러 산업에서 활용이 가능하다.

블록체인 기술을 적용하여 계약을 하면, 위장 전입이나 다운계약서 등 투명하지 못한 거래가 불가능해진다. 우리나라에서도 앞으로는 종이 증명서 없이 편리하고 경제적인 부동산 거래, 위변조 없는 블록체인 기술을 적용하여 안전한 부동산 거래가 이루어질 전망이다. 국토교통부와 과학기술정보통신부는 블록체인 기술을 기반으로 한 부동산 종합공부 시스템을 2018년 12월까지 완료할 계획이라고 밝힌 바 있다.8 향후 '부동산 거래 통합 서비스one-stop 서비스'로 확대 개편할 계획이다. 블록체인 기술로 투명한 계약서가 체결되어 인사청문회에서 위장 전입이나 다운계약서가 사라지기를 기대한다.

에스토니아는 이미 블록체인 기술을 활용하여 전자정부를 구축했다. 우리나라는 2002년 11월 4천여 종의 민원 업무를 인터넷으로 처리할 수 있는 전자정부 시스템을 세계에서 처음으로 구축하여 오늘에 이르고 있다. 유엔의 전자정부 조사에 따르면,[9] 우리나라는 세계 3위의 전자정부 국가다. 1위는 덴마크, 2위는 오스트레일리아가 차지하고 있다. 그러나 우리나라 전자정부 시스템은 기본적으로 인터넷 기반이라 보안에 취약하다. 에스토니아는 보안 기능을 강화한 블록체인 기술을 활용하여 2012년부터 전자정부를 구축하고 국민들에게 결혼, 이혼, 주택 구매를 제외한 모든 정부 서비스를 온라인으로 제공하고 있다. 에스토니아는 국가 단위에서 블록체인을 활용하고 있는 세계 최초의 국가다.

블록체인 경제로 우리 사회에 만연한 부정부패를 막는다면 우리 사회도 투명해질 수 있다. 우리나라의 부정부패는 엘리트 결탁형이라는 연구가 있다. 미국 뉴욕의 콜게이트대학교Colgate University 정치학과의 마이클 존스턴Michael Johnston 교수는 그의 저서 《부패 증후군Syndromes of Corruption》에서 "대한민국은 엘리트 결탁형 나라"라고 주장했다.[10] 존스턴 교수는 국가의 부패 유형을 시장 영향형, 엘리트 결탁형Elite Cartel, 족벌형, 독재형 이렇게 네 가지로 나누고, 우리나라는 그중 엘리트 결탁형 국가라고 말했다. 이탈리아와 보츠와나도 엘리트 결탁형 부패 국가로 꼽혔다. 이탈리아는 정치, 경제, 사회 곳곳에 손을 뻗치는 유명한 범죄 조직인 마피아가 있어서 그럴 것이다.

우리나라 엘리트들의 결탁은 상상을 초월한다. 관피아관료와 마피아의 합성어, 모피아MOFIA, 재정경제부 출신 인사들, 교피아교육부 출신 인사들, 법피아법조계 출신 인사들 등으로 공공연하게 불리고 있다. 최근에는 가장 공정해야 할 공정거래위원회조차 퇴직자들을 16개 대기업에 특혜로 취업시켰다는 보도가 나오기도 했다. 국가의 대표적인 엘리트들이 정부에서 일하다가 기업에 낙하산으로 떨어져 자리를 꿰차고는 서로의 이익을 나누고, 끼리끼리 밀어주고 당겨주며 부정부패를 일삼는 엘리트 지도자들의 나라가 바로 대한민국의 현실이다.

우리는 끼리끼리 모이는 데 아주 익숙하다. 우리 사회에 만연한 끼리끼리 문화. 대한민국은 끼리끼리 공화국이라는 말이 나오기도 한다. 혼자 있으면 되레 불안하다. 동우회, 동창회, 등산회 등 웬 모임이 그리도 많은지. 거기에 국가 지도층 인사들의 끼리끼리 결탁까지. 우리나라에서 끼리끼리 모여 벌어지는 일이 거의 매일 언론을 장식하고 있다.

제주 세화초등학교 교장이었던 고故 김광수 시인의 시집《끼리끼리 공화국》에 실린 시, '끼리끼리 공화국'[11]은 이러한 현실을 재미있게 표현하고 있다.

끼리끼리 공화국

새들이 그렇고
세상의 동물들
끼리끼리 모여 앉더라
한적한 밭의 배추도
시퍼렇게 모여 있더라

바람에 출렁이는

억세꽃들도 그렇더라

흘러가는 구름도

끼리끼리 모이면서

넓은 세상을 활보하더라

정치하는 사람도

끼리끼리 모여 주장을 펴고

아이들도 끼리끼리 모이면

신나게 잘 놀더라

끼리끼리 모여 얘기 꽃 피워야

주머니 터지고

먹는 맛도 있는 모양이더라

거리감도 좁혀지는 모양이더라

국제투명성기구Transparency Internationale가 2019년 1월 발표한 2018년 부패인식지수Corruption Perceptions Index에서 우리나라는 전 세계 180개국 중 100점 만점에 57점으로 45위에 머물렀다. 참고로 덴마크가 88점으로 1위, 뉴질랜드가 87점으로 2위, 싱가포르와 핀란드가 85점으로 3위, 에스토니아는 73점으로 18위를 차지했다. 싱가포르는 아시아에서 1위를 차지했다. 우리나라는 2012년부터 2018년까지 53~57점으로 부패가 개선되지 않고 있는 상황이다.

누군가가 우스갯소리를 한 적이 있다. 출세하기 위한 세 가지 조건은 학연, 지연, 흡연이라고. 이제 우리나라도 투명하고 신뢰할 만하며 보안이 보장되는 사회로 발전하기 위해 하루빨리 블록체인 기술을 활용해야 하지 않을까? 투명한 사회를 만들기 위한 노력에는 빨리빨리 문화도 끼리끼리에 막혀 제대로 힘을 쓰지 못하는가 보다.

데이터를 가진 자가
세상을 지배한다

20세기에 가장 가치 있는 원자재가 석유였다면, 이제는 데이터다. 모든 산업에서 데이터는 중요한 원자재가 되었다. 데이터가 의사결정, 고객 분석, 유통, 제품과 서비스 개발, 공장 운영, 도시, 사회, 국가 등 세상을 움직이는 원동력이 되고 있다. 즉, 데이터가 돈이 되는 데이터 자본주의 사회가 된 것이다. 이를 데이터 경제라고 말하기도 한다. 요즘은 데이터가 너무 많아 저장하거나 관리, 분석하기가 쉽지 않을 정도다. 그래서 빅데이터라는 용어가 일상어가 되었다.

빅데이터는 다양한 종류의 데이터가 빠른 속도로 생성되어 기존 데이터베이스 소프트웨어로는 수집, 저장, 관리, 분석이 어려운 많은 양의 데이터를 말한다. 그래서 빅데이터의 특성을 보통 3V, 즉 Volume양, Velocity속도, and Variety다양성라고 설명한다.

최근 들어 빅데이터를 생성, 수집, 저장, 처리, 관리, 분석하여 정보에서 지식, 더 나아가 가치를 찾아 사업에 활용하는 일이 새로운 경쟁력으로 떠올랐다. 인터넷 기업인 구글, 페이스북, 아마존닷컴, 애플, 알리바바 등은 데이터를 기반으로 한 글로벌 경쟁력을 강화하고 있다. 이들 회사들을 플랫폼 기업이라고 부르는데, 이들은 플랫폼을 통해 사용자들의 데이터를 모으고 분석하여 사용자들에게 더 많은 가치를 제공하는 선순환 생태계를 운영하고 있다. 플랫폼이라는 명석은 기본적으로 네트워크 효과를 가진다. 네트워크 효과란 사용자가 늘어나면 그들이 느끼는 가치도 늘어나는 효과를 말한다.

그렇다면 기업들은 얼마나 많은 데이터를 가지고 있을까? 2017년 자료에 의하면,[12] 구글은 하루에 35억 개, 1년에 1.2조 개의 검색을 실행한다. 또한 하루에 20페타바이트Petabyte 이상의 데이터를 처리하고 있다. 저장하고 있는 데이터는 10~15엑사바이트Exabyte로 예측하고 있다.

또 페이스북은 2018년 12월 31일 기준으로[13] 월 23억 2,100만 명의 활성화 사용자Monthly Active User, MAU들이 있다. 페이스북은 세계에서 가장 많은 가상 인구를 가진 가상 국가인 셈이다. 이를 2018년 3분기에 22억 7,100만 명의 MAU와 비교하면 하루 평균 53만 명의 MAU가 늘어난 것으로 볼 수 있다. 2018년 12월 한 달 동안 하루 활성화 사용자Daily Active User, DAU는 15억 2,300만 명이나 되었다. 페이스북은 2012년에 이미 500페타바이트 이상의 데이터를 저장하고 있었다.[14] 사람들은 하루에 평균 35분을 페이스북에서 소비하고, 3억 5,000만 장의 사진을 올리고 있다.[15] 이는 초당 4,000장의 사진이 올라오는 어마어마한 데이터 양이다. 페이스북은 SNSSocial Network Service 회사로 출발하여 이제는 엄연한 미디어회사로 등극했다.

SK하이닉스는 세계 2위의 메모리 반도체 회사다. 축구장 네 배 크기인 320×100m의 공장에서 2,800대 이상의 장비가 6,000여 단계를 거쳐 메모리 반도체를 생산하고 있다. 거기에는 고장 검출 및 분류 Fault Detection and Classification 작업을 위해 설비마다 100개 이상의 센서들이 장착되어 있어 하루에 15테라바이트Terabytes를 생성하고, 이미 30페타바이트 이상의 데이터를 저장하고 있다. [16]

필자는 여기서 빅데이터에 주요한 3V 특징에 신뢰성Veracity을 더하여 강조하고 싶다. 신뢰성은 데이터가 얼마나 정확하고 믿을 만한지를 가늠하는 지표다. 빅데이터는 많은 양을 보유하는 것도 중요하지만, 질 좋은 데이터를 가지고 있는지가 더 중요하다. 그래야 데이터를 제대로 이해하고 올바로 활용할 수 있기 때문이다. 빅데이터로 학습시켜 똑똑한 인공지능 솔루션을 개발하기 위해서는 더욱 그러하다. 인공지능이 제대로 학습하기 위해서는 많은 양도 중요하지만, 질적으로 좋은 데이터가 필수다. 인공지능은 기본적으로 컴퓨터이기에 GIGOGarbage In Garbage Out, 즉 "쓰레기가 들어가면 쓰레기가 나온다"는 법칙이 적용된다. 좋은 데이터를 가지고 공부를 해야 인공지능이 똑똑해진다.

2018년 9월 19일 한국과학기술기획평가원의 김윤정 연구위원이 발표한 〈인공지능 기술 발전에 따른 이슈 및 대응 방안〉이라는 보고서에 따르면, "우리나라의 데이터 개방 수준은 세계 최고이나, 실제 인공지능 기계학습 알고리듬에 활용 가능한 데이터는 0.3%에 불과하다"
고 한다. 또한 기계학습용 대용량 데이터 세트 제공 평가에서도 우리
나라는 56위라고 하니 큰 걱정이 아닐 수 없다.

KBS가 2018년 9월 11일 오류투성이로 얼룩진 국회헌정도서관을
보도한 적이 있다. 국회 관련 사료들이 많이 전시되어 있어 해마다
30~40만 명이 다녀가며, 관람객의 60%가 초중고 학생이라 '견학 1번
지'로 불리는 도서관의 전시물에 잘못된 정보가 많아 오류 체험관으로
전락했다는 보도였다. 안중근 의사의 하얼빈 의거가 1919년에 일어
났다고 하는가 하면, 대한민국 임시의정원 구성 날짜도 잘못 표기되
어 있다고 한다. 도서관 직원은 수정에 관한 관리 규정이 없다고 항변
하는 모습에서 정확하지 못한 정보에 대한 미안함이나 관심조차 없는
듯하다.

우리의 '괜찮아' 문화와 '대강대강'이 얼마나 부정확하거나 잘못된
데이터를 양산하는지는 상상을 초월한다. 공장에 가보면 오늘 생산한
제품의 수를 일을 마칠 때 종이 위에 손으로 쓰는 기업이 아직도 적지
않다. 당연히 정확하지 않고 시간상으로도 낭비가 아닐 수 없다. 데이
터는 많지만, 데이터 품질이 좋지 않다는 말이다. 많은 기업들이 빅데
이터를 활용하는 데 가장 어려운 부분으로 정확하지 않은 데이터를
꼽는다. 사람의 손을 거치지 않고 장치에서 바로 생성이 되고 처리되
어야 그나마 정확할 수 있다.

신뢰성 있는 데이터를 생성하는 것은 우리가 직면한 최대의 도전이
자 과제다. 빅데이터 기술에 아무리 투자를 해도 데이터 자체가 정확

하지 않고 신뢰할 수 없다면 아무런 소용이 없다. 빅데이터 기술 개발이나 적용에 퍼붓는 노력 이상으로 정확하고 신뢰할 만한 데이터를 생성하기 위해 더 많은 노력을 기울여야 할 것이다. 이를 위해서는 일하는 습관, 센서를 통한 자동 데이터 생성, 기록하는 문화, 일하는 과정마다 정확한 데이터를 만들고 관리하는 일이 중요하다. 개인이나 기업, 사회, 정부 모두 힘을 합쳐 노력해야 개선될 도전 과제다.

정확하고 사실에 근거한 좋은 데이터를 수집, 저장, 관리, 분석하여 사업에 활용하는 글로벌 플랫폼 기업들을 비교 연구해보는 것도 필요하다. 아마존, 페이스북, 구글, 넷플릭스, 알라바바, 바이두, 텐센트 등과 쿠팡, 11번가, 신세계, 롯데, 삼성 등 플랫폼을 통해 고객의 데이터를 가지고 고객에게 가치를 제공하는 글로벌 기업들은 시간이 갈수록 그들의 데이터가 더 큰 가치를 창출하게 된다. 결국 그들이 세상을 지배하게 된다. 자율주행차 산업도 결국에는 데이터 경쟁이다. 얼마나 많은 정확한 자율주행 관련 데이터를 보유하고 이를 바탕으로 안전한 자율주행을 완성하느냐의 경쟁이다. 포드, GM, BMW, 현대차, 테슬라, 구글, 애플, 엔비디아 등 모두가 도로주행으로 실제 운전 정보를 확보하는 데 목숨을 걸고 있다. 애플 iOS나 구글 안드로이드 플랫폼은 모바일 시장에서 전 세계 플랫폼 시장을 양분하고 있다. 애플이나 구글이 결성한 플랫폼 생태계를 다른 기업이 넘어서는 것은 이제는 거의 불가능에 가깝다. 삼성 타이젠이 성공하지 못한 근본적인 이유이기도 하고, 화웨이가 자체 모바일 운영체제를 개발하지 못하는 이유이기도 하다.

이제는 데이터 기반 기업, 사회, 국가가 살아남는 시대가 되었다. 정확하고 신뢰할 만한 데이터를 어디에서 어떻게 생성, 수집, 저장, 분석, 활용할 수 있는가를 점검해야 한다. 디지털화를 통해 데이터를 생성, 수집, 저장, 관리, 활용, 분석하는 것이 중요하다. 기업이나 국가 시스템을 디지털로 전환하는 것도 중요하지만, 디지털 도구를 활용하여 일하는 것도 매우 중요하다. 당신 회사에는 직원들이 디지털 기기를 활용하여 정보를 어떻게 교환하고 소통하며, 실시간으로 현황을 알고 있는가? 다양한 분야에서 디지털 기기를 활용하여 정확한 데이터를 저장, 관리하고 있는가? 정확하고 신뢰할 만한 데이터를 생성하고 있는가? 어떻게 검증하고 있는가? 데이터에 기반한 의사결정인가?

데이터를 가진 자가 결국 세상을 지배한다!

나비같이 날아
벌같이 쏜다

니콜라스 마두로 베네수엘라 대통령이 2018년 8월 4일 수도 카라카스에서 방위군 창설 81주년 기념식에 참석하여 연설하는 도중 조그만 비행체를 이용한 폭발물 암살 위협을 받았다.[17] 나비같이 날아 벌같이 쏜 자그마한 비행체, 바로 드론이다.

넓은 공원에 가면 사람이 조종하는 대로 하늘을 날면서 사진도 찍고 농구 게임도 하는 어른 장난감, 드론Drone을 볼 수 있다. 무인비행기인 이 조그만 드론이 장난감에서 최종병기로 둔갑한 것이다. 드론은 본래 '웅웅거리는 소리'라는 뜻이지만, 이제는 웅웅거리며 하늘을 날아다니는 소형 무인비행기를 부르는 용어가 되었다.

평창 동계올림픽 개막식에서 1,218대의 드론이 수놓은 오륜기와 스노보더 형상을 보면서 감탄하던 기억이 있을 것이다. 드론이 쇼만 하는 것은 아니다. 하늘에서 사진을 찍어 멋진 풍경을 보여주기도 하고, 공연 실황을 중계하기도 하며, 농약을 살포하거나 화재, 재난 방지, 삼림 관리에 활용되기도 한다.

드론의 역사는 아주 오래되었다. 드론이라 불리기 이전에 무인항공기Unmanned Aerial Vehicle, UAV로 불리며 전쟁터에서 공격을 하거나 비밀 작전을 수행하는 등 군사적 목적으로 사용되었다. 1849년 오스트리아가 이탈리아 베니스를 공격할 때 사용한 폭약을 잔뜩 싣고 날아간 열기구가 역사상 최초의 무인항공기로 기록되어 있다.[18] 드론과 UAV는 넓은 의미에서 같은 용어다. 하지만 보통 군사용 무인항공기는 UAV, 드론은 DJI大疆创新, Da-Jiang Innovation Technology Company와 같은 기업의 상용 드론을 의미한다. 현재 우리는 드론으로 공장 굴뚝에서 나오는 온실 가스 배출량을 측정하기도 하고, 삼림 화재를 감시하기도 한다. 또한 사람이 올라가기 힘든 송전탑 전선을 점검하기 위해 드론을 활용하기도 한다.

2016년 12월 영국에서 아마존닷컴은 고객이 주문한 팝콘을 드론으로 배송하는 시범 서비스를 시연했다. 중국 징동닷컴은 이미 드론 40대를 활용하여 장쑤성과 산시성 마을 100여 곳을 대상으로 배송 2만 건을 돌파했다. 인간 배송보다 비용이 30% 저렴하다고 한다.[19]

우리나라는 어떨까? 드론을 잘 만들까? 잘 활용하고 있을까? 우리의 드론산업 현실은 참혹하다. 이미 많은 사람들이 알고 있듯이, 중국의 DJI가 우리나라 상용 드론 시장을 완전히 장악하고 있다고 해도 과언이 아니다. 우리나라뿐 아니라 전 세계 시장도 꽉 잡고 있다. DJI

는 2018년 9월 기준 세계 상용 드론 시장의 74%를 차지하고 있다.[20] 중국 선전에 본사를 두고 있는 DJI는 중국 저장성 출신의 왕타오汪滔가 2006년 홍콩과학기술대학교 기숙사 방에서 창업했다. 2003년 홍콩과학기술대학교에 입학하여 2005년 드론 연구를 위해 홍콩달러로 18,000달러약 250만 원의 장학금을 받고 연구를 하다가 회사를 설립했다. 그리고 2013년 팬텀 시리즈를 출시한 이후 세계 드론 시장을 석권하고 있다.

2018년 7월 29일 오후 중국 선전에 위치한 선전베이 스포츠스타디움에서 2015년부터 중국 지방정부와 기업들의 후원으로 DJI가 개최하고 있는 대학생 로봇·드론 경연대회가 열렸다. 참가한 200팀 가운데 중국 소재 대학교는 총 188개 팀. 미국, 캐나다, 싱가포르 등 외국에서 온 팀들도 있었지만 한국 팀은 단 한 곳도 없었다.[21] 안타까운 현실이다.

우리나라는 드론을 잘 만들지는 못하지만, 앞서 언급했듯이 농약 살포나 삼림 관리 등에 적극적으로 활용하고 있다. 사실 영화 촬영이나 사진을 찍기 위한 드론 활용은 이미 오래전부터 시작되었으며, 이제 실생활에 기여하는 산업에서 사람이 하기 어려운 분야에도 드론을 활용하여 전망이 밝다.

최근 소백산 정상에서 살아서 천년, 죽어서 천년을 산다는 단단한 주목 2,000여 그루가 기후 변화로 인해 위험에 처했다고 한다. 주목 주변을 조사하기 위해 국립공원관리공단은 드론을 띄웠다. 사람이 하면 6개월이 걸릴 넓은 면적을 드론으로 조사해 금세 끝낼 수 있었다고 한다.[22] 드론이 촬영한 이미지에 기계학습과 인공지능 기술을 활용하여 고사목을 찾아내는 방식이었는데, 소백산 주목 관리에서 효율성을 확인한 공단은 드론으로 더 넓은 지역을 효과적으로 관리할 계획이라고 한다. 반가운 소식이 아닐 수 없다. 산림청에서도 삼림을 관리하기 위해서 직원들을 대상으로 드론 교육을 시행하고 있다.

최근에는 송전선을 점검하는 드론, 비닐하우스 내부에서 농약을 살포하는 드론을 중소기업에서 개발하고 있으며, 드론 조종 기사, 드론 촬영 기사 등 드론 관련 직업이 각광을 받고 있어 많은 사람들이 자격증을 따기 위해 교육을 받고 있다고 한다. 드론을 활용하면 오지에서 위급한 환자에게 긴급히 필요한 의약품을 수송하거나 삼림을 관리하고, 동물이나 생물을 탐사하거나 관리하는 데도 활용할 수 있다. 또한 남극과 북극, 밀림 등 사람이 쉽게 접근하기 어려운 지역 등 다양한 지역으로 활용 분야를 넓혀가고 있다.

5

원하는 대로
바로 찍는다

2018년 여름은 유난히 더웠다. 111년 만의 폭염이라고 한다. 열대야 지속일이 26일로 최장이었다. 일일 최고기온이 33도 이상인 폭염 일수도 35일로 1943년 이후 75년 만에 최대치를 기록했다.[23]

무더운 여름밤, 디즈니의 영화 〈겨울왕국〉을 보던 딸이 엘사 공주 인형을 갖고 싶다고 조른다. 아빠는 인터넷에서 엘사 공주 3D 모델을 찾아서 구매한다. 3D 모델을 3D 프린터로 출력해서 딸에게 안겨준다. 딸이 다른 색 드레스를 입은 엘사 공주를 원하면 3D 모델 파일에서 드레스 색을 수정하여 3D 프린터로 출력한다. 원하는 물건을 직접 디자인하고 바로 제작할 수 있는 3D 프린팅 기술의 매력이다. 이런 사람들을 프로슈머Prosumer라고 부른다. 제작자Producer와 소비자 Consumer의 합성어다.

이제까지 제품을 만들기 위해서는 작은 제품이라도 큰 재료를 깎아서 제작했다. 이른바 '빼기' 기술을 활용한 것이다. 큰 재료에서 작은 제품을 만드니 재료가 많이 버려졌다. 항공산업의 경우, 많게는 원료의 97%가량이 버려진다.

3D 프린터는 소재를 얇게 한 겹 두 겹 쌓아 올려 제품을 제조한다. 아무리 복잡한 물건도 재료를 한 층 한 층 쌓아 올려서 제작할 수 있다. '더하기' 기술을 활용한다. 깎아내는 재료가 없고, 필요한 만큼 한 층씩 쌓아 올리니 버리는 재료가 매우 적다. 친환경적이다. 그래서 3D 프린팅을 활용하여 제조하는 것을 공식적으로 첨가형 제조 방식Additive Manufacturing이라고 부른다. 일반 사람들은 3D 프린팅 기술이라고 부르기도 한다.

전통적인 '빼기' 제작 방식은 속이 빈 공을 만들려면 공을 반쪽씩 만들어 두 쪽을 붙여야 했다. 3D 프린터로는 소재를 한 층 한 층 쌓기만 하면 쉽게 만들 수 있다. 속이 비어도 상관없다. 공 속에 아름다운 엘사 공주가 춤추는 모습까지 한 번에 프린트할 수 있다. 3D 프린팅 기술은 마음대로 디자인을 할 수 있게 한다. 복잡한 디자인도 큰 문제 없이 제품으로 구현할 수 있다.

개인 맞춤형 제품을 원하는 대로 만들수 있는 3D 프린팅 기술은 1980년대에 발명되었다. 일본 나고야시 공업연구소의 응용물리학자 히데오 코다마Hideo Kodama는 1980년 4월 세계 최초로 2mm 두께의 고체층을 27개 쌓아 올려 70×50×54mm 크기의 2층집 플라스틱 모형을 4시간 30분 만에 완성했다. 투명하게 제작된 2층집 모형에는 방, 나선

형 층계와 식탁도 있었다.[24] 세계 최초로 첨가형 제조 방식을 발명하고 제작한 시제품이었다. 이후 1983년 미국의 척 헐Chuck Hull 박사가 광경화 수지를 활용하여 3D 프린터로 물체를 제작하는 특허를 받아 3D 프린팅 시대를 열었다. 헐 박사는 3D Systems를 창업하여 세계 최초의 3D 프린팅 기술을 상용화해 오늘날 최고의 3D 프린팅 기술 회사로 성장시켰다.

이마트에 가면 플라스틱을 노즐에 녹여 제품을 제작하는 3D 프린터를 볼 수 있다. 플라스틱 소재를 녹인다고 해서 전문용어로 Fused Deposition ModelingFDM 3D 프린터라고 부른다. FDM 3D 프린터는 미국의 스콧 크럼프Scott Crump가 발명했다. 스콧은 두 살 된 딸을 위해 부엌에서 hot glue gun을 가지고 장난감 개구리를 만들었다. Hot glue gun을 입체 지지대에 걸쳐놓고 조절하면 3D 물체를 제작할 수 있겠다는 아이디어가 떠올랐다. 그 아이디어를 활용하여 1989년 아내 리사와 함께 창고에서 FDM 3D 프린팅 제조 기술을 발명했다.[25] 그가 창업한 스트라타시스Stratasys는 3D Systems와 더불어 오늘날 세계 최고의 3D 프린팅 기술 회사로 자리 잡았다.

보청기 시장도 최근 3D 프린터로 귀에 꼭 맞는 보청기를 제작하여 고객의 마음을 사로잡고 있다. 미국은 일반 보청기에서 3D 프린팅 기술을 기반으로 한 개인 맞춤형 보청기로 100% 전환하는 데 5년밖에 걸리지 않았을 정도다.

철, 스테인리스, 티타늄 등 금속재료를 활용할 수 있는 금속용 3D 프린터도 있다. 금속재료로 임플란트, 치아교정기, 인공관절, 인공뼈 등도 3D 프린터로 제작할 수 있다. 우리나라에서도 치아교정기, 인공관절, 인공뼈 등에 3D 프린팅 기술을 활용하고 있다. 세브란스병원 신경외과 심규원 교수는 2014년 국내에서 처음으로 3D 프린팅 기술로 제작한 인공 머리뼈를 이용하여 두개골 성형술에 성공했다. 2018년 6월 기준으로 국내에서만 350건의 수술에 적용했다. 단일 사례로는 매우 드문 일이라고 한다. 그러나 세계적으로 인정받는 우리나라의 의료 3D 프린팅 기술이 국내에서는 그 가치를 인정받지 못한다고 심 교수는 한탄한다.[26] 안타까운 현실이다.

누구든지 3D 모델링 소프트웨어를 활용하면 원하는 디자인을 하고 3D 프린터로 제작할 수 있다. 100만 원 정도의 3D 프린터로 집에서 나만의 물건을 제작할 수도 있다. 디자인하기 어려우면 인터넷에서 디자인 파일을 다운로드해서 프린트할 수도 있다. 자신의 모습이나 자녀의 모습은 물론 결혼 기념, 아이 돌 기념, 생일 기념으로 3D 피규어를 제작하여 생애 주기마다 멋진 모습을 간직할 수도 있다. 자동차도 40여 시간 만에 프린트하여 만들어낼 수 있다.

이제 나만의 것을 찾아 가치를 맛보려는 개인 맞춤형 가치 사회가 오고 있다. 당신은 무엇을 만들고 싶은가? 상상의 나래를 펴고 꿈에 그리던 멋진 작품을 만들어보라. 온 세상을 가진 것처럼 뿌듯할 것이다.

6

무인점포가
급속히 확산된다

    스마트폰으로 편의점 문을 열고 들어간다. 원하는 물건을 집어 장바구니에 넣는다. 장을 다 본 후 장바구니만 들고 그냥 나온다. 계산대가 따로 없다. 계산하기 위해 줄을 설 필요도 없다. 영수증은 스마트폰으로 날아온다. 내 신용카드로 결제가 완료되었다. 장보기가 수월해졌다. 미국 시애틀에서 운영 중인 아마존 고Amazon Go 편의점이다. 스마트폰 인증으로 내가 누구인지 잘 안다. 천장의 센서가 나를 알아보고 어떤 물건을 구매하는지 파악한다. 컴퓨터 비전, 센서 융합 기술, 딥러닝 인공지능 기술 등 다양한 기술이 융합하여 무인점포를 운영하고 있다. 2018년 1월 시애틀에 제1호점을 개장한 이래, 2019년 3월 현재 시애틀에 4개, 시카고에 4개, 샌프란시스코에 2개의 점포를 운영하고 있다.

미국의 경우 대형 슈퍼마켓에서 평균 80여 명이 일하지만, 아마존 고에서는 신선한 샌드위치를 만드는 직원 3~4명과 재고관리 직원 2명까지 모두 5~6명이 운영한다. 24시간 무인 운영도 가능하다.

[그림 8] 아마존 고 편의점 천장에 설치된 센서들

[출처: 저자 촬영]

중국에도 아마존 고와 같은 무인점포가 있다. 알리바바의 타오카페 TaoCafe와 빙고박스Bingo Box가 그것이다. 계산대가 따로 없다. 스마트폰으로 문을 열고 들어가서 물건을 사면 자동으로 계산된다. 타오카페도 음료 주문을 받고 만들어주는 바리스타 외에는 무인으로 운영된다. 타오카페는 항저우와 상하이에 있다.

[그림 9] 알리바바의 타오카페

[출처: China Plus, 2017.07.10.]

　무인편의점인 빙고박스는 북경, 상하이 등 28개 도시에 진출하여 현재 약 100개의 점포를 운영하고 있으며, 이미 말레이시아의 쉘 주유소에도 진출한 상태다. 빙고박스는 이름에 나타난 대로 컨테이너 박스 형태로 제작되어 쉽게 설치가 가능한 편의점으로, 올해 안으로 중국 전역에 지점을 5,000개까지 확대할 계획이다.[27]

　일본은 다른 형식으로 무인화를 시도하고 있다. 일본 5대 편의점들은 2017년부터 자동계산 시스템을 도입하고 있다. 세븐일레븐, 패밀리마트, 미니스톱, 로손, 뉴데이스는 2025년까지 5만여 개 점포에 자동계산 시스템의 설치를 완료할 계획이다.[28] 상품 포장에는 RFID 태그를 부착하여 고객이 스스로 계산할 수 있다. RFID 태그는 약 300원 정도다.

[그림 10] 빙고박스 무인편의점

[출처: 빙고박스 웹사이트]

우리나라에도 무인편의점 열풍이 불고 있다. 롯데그룹이 먼저 포문을 열었다. 롯데월드타워 31층에 들어선 무인결제 점포 '세븐일레븐 시그니처'가 2017년 5월 16일 개장했다. 그냥 걸어 들어가서 물건을 집어 계산대 위에 올려 놓으면 자동으로 스캔한다. 스캔한 물건을 장바구니에 담고, 손바닥 정맥인증으로 결제하면 끝이다. 결제를 담당하는 직원이 없고 인공지능 결제로봇 브니VENY가 대신한다. 360도 자동스캔 계산대가 있고, 바이오 기술을 활용한 정맥인증 결제 방식인 핸드페이를 적용했다. 포장에 있는 바코드나 QR코드를 변경하지 않아도 스캔이 되기에 제품 단가가 더 올라가지 않는 장점이 있다.

GS25, CU, 이마트24 등 편의점들도 무인점포를 시범적으로 운영하거나 개발 중이다. 롯데, 신세계, 현대백화점, 쿠팡 등 국내 유통업계들도 한국 아마존을 꿈꾸며 각종 투자와 사업 계획을 발표하고 있다. 4차 산업혁명 시대에 신유통을 장악하기 위한 치열한 경쟁이다.

2019년 3월 현재 세븐일레븐은 앞서 언급한 시그니처 편의점을 지속적으로 확대하고 있다. 2호점은 서울 중구 롯데손해보험 빌딩 12층, 3호점은 경기도 의왕시의 롯데첨단소재 단지 내, 4호점은 울산 롯데시티호텔 1층에서 운영 중이다. 또한 SK가스와 함께 수원 광교 SK 충전소점[29]을 시작으로 SK가스 충전소에, S-Oil과 협력하여 서울 강서구 공항대로 하이웨이 주유소에 입점하며[30] 무인편의점을 늘려나가고 있다.

[그림 11] 세븐일레븐에 설치된 인공지능 결제로봇과 핸드페이 시스템

[출처: 전자신문, 2019.02.21]

장보는 손님을 따라 다니면서 구매하는 물건을 담는 로봇은 물론 선반의 물건들이 얼마나 남아 있는지 점검하는 재고관리 로봇도 등장 했다. 로봇이 데이터를 수집·전송하고, 필요하면 로봇끼리 대화도 한다. 로봇이 인터넷과 연결되어 일하기도 한다. 말도 알아듣고, 진열 대 사이를 거림낌 없이 자유자재로 오간다. 이제 우리 일상에서 로봇 이 인간을 밀어내기 시작했다.

인천국제공항에 가면 로봇이 반긴다. 안내로봇 에어스타Airstar다. 체크인 카운터를 안내하기도 하고, 식당을 알려주기도 한다. 같이 사 진을 찍자고 제안하기도 한다. 사진을 같이 찍으면 웃는 모습도 보여 준다. 자율주행, 인공지능, 음성인식 등 다양한 첨단 정보통신 기술을 융합한 로봇이다. 2017년 8월부터 인천공항에 취업하여 청소도 하고,

안내도 한다. 우리말, 중국 어, 일본어, 영어를 지원하 여 외국인들도 쉽게 안내 를 받을 수 있다. 국내 항 공사뿐 아니라 외국 항공 사 카운터 위치도 알려주 고, 원하면 에스코트 서비 스까지 수행한다.

편의점이나 슈퍼마켓뿐 아니라 호텔도 무인화에 가세하기 시작했다. 사람

[그림 12] **인천공항의 안내로봇 에어스타**

[출처: 저자 촬영]

대신 로봇이 호텔에서 고객을 응대한다. 2015년 7월 세계 최초로 일본의 헨나호텔変なホテル은 사람이 할 일을 대신 하는 로봇을 채용하여 인건비를 대폭 줄였다. 공룡 로봇이 고객의 체크인을 도와주고, 또 다른 로봇이 무거운 가방을 옮겨주며, 챗봇이 방 안의 여러 가지 일을 돕는다. 사람이 로봇에게 말하면 로봇이 실행한다. 힘든 일은 로봇이 하고, 인건비도 절감하다 보니 다른 호텔들도 관심이 지대하다. 무인텔이 성업할 태세다.

[그림 13] **로봇이 체크인 직원으로 일하는 헨나호텔**

[출처: 헨나호텔 홈페이지]

직원이 적어지는 편의점, 슈퍼마켓, 호텔 등 점점 사람들의 일자리가 줄어들고 있다. 기업 구조조정 나이가 점점 낮아지고 있으니 출근해서도 좌불안석이다. 역사적으로 보면 변화의 시기에는 없어진 일자리보다 새로운 일자리가 더 많이 생겨났다. 이전에는 상상하지 못했던 일자리가 생겨나 더 많은 사람들이 일하게 되었다. 마차를 끌던 마부가 철도 관련 일을 하게 된 것처럼 말이다. 일자리가 많이 없어지고, 새로운 일자리는 적게 생길 것이라는 비관론도 만만치 않다. 한편으로는 더 많은 일자리가 생길 것이라고 낙관적으로 전망하기도 한다. 4차 산업혁명의 쓰나미가 몰려오면 우리 일자리는 어떻게 변할까?

역량이 부족할 뿐
일자리가 부족한 것은 아니다

2018년 7월 19일 오전 10시, 도쿄의 한 호텔. 자그마한 키의 한 노신사가 3,000여 명이 넘는 청중 앞에서 연설을 시작한다.

"현재를 열심히 사는 것이 정답일까요?"

모두 어리둥절하고 있는 사이, 이 노신사는 일갈한다.

"이미 인공지능이 모든 산업 구조를 바꾸고 있습니다."

50년 안에 인공지능이 인간의 모든 직업을 대체할 것이라고 예상하는 이 노신사는 다름 아닌 소프트뱅크 그룹의 손정의 회장이다. 인간과 공존하는 인공지능 페퍼 로봇을 7,000여 대나 팔고 있는 사나이. 이 사나이가 예측하는 미래를 살펴보면,[31] 더욱 고개를 갸우뚱하게 된다.

2024년에는 고객응대 콜센터, 2027년에는 트럭 운전사와 작곡가,

2031년에는 판매원, 2049년에는 소설가, 2053년에는 외과의사, 2061년에는 모든 직업이 인공지능으로 대체된다는 그의 말은 큰 망치로 머리를 강타하는 듯하다. 그리고 다음의 한마디는 모든 청중을 사로잡는다.

"한번 인공지능으로 대체된 직업은 인간이 다시 차지할 수 없게 된다."

새로운 일자리, 없어지는 일자리

2016년 1월 세계경제포럼에서 발표한 〈일자리의 미래〉라는 보고서[32]는 이보다는 조금 낙관적이다. 4차 산업혁명 시대가 도래하면서 2015년부터 2020년까지 5년간 전 세계 일자리 중 710만 개가 사라지고, 겨우 200만 개가 새로 생겨 결국 510만 개의 일자리가 없어진다고 한다. 사무와 행정, 제조와 생산, 건설과 채굴, 예술·디자인·환경·스포츠와 미디어, 법률, 시설과 정비 관련 일자리가 사라진다고 한다. 일자리가 생기는 직업군은 사업과 재정 운영, 경영, 컴퓨터와 수학, 건축과 엔지니어, 영업과 관련직, 교육과 훈련 순으로 내다보고 있다.

한국고용정보원 박가열 연구원이 2016년 3월에 발표한 〈기술 변화에 따른 일자리 영향 연구〉라는 보고서에 따르면, 인공지능과 로봇 기술 같은 스마트 기술로 인해 대체될 확률이 높은 직업은 콘크리트공, 정육원과 도축원, 고무 및 플라스틱 제품 조립원, 청원경찰, 조세행정

사무원 등이 꼽혔다. 스마트 기술로 대체되기 어려운 직군에는 화가 및 조각가, 사진작가 및 사진사, 작가 및 관련 전문가, 지휘자 · 작곡가 및 연주자, 애니메이터 및 만화가 순위로 창의성을 요구하는 예술 관련 직종이 상위를 차지했다. 다음은 한국고용정보원이 예상하는 대체 확률이 낮은 직업과 높은 직업을 정리한 도표다.

[그림 14] **기술 변화에 따른 일자리의 변화**

[출처: 한국고용정보원 인포그래픽]

결국 미래의 일자리는 크게 두 가지 방향으로 정리할 수 있다. 인간의 감성과 창조성에 기초한 예술 분야와 데이터, 인공지능, 소재 등 새로운 융합기술을 기반으로 한 기술 융합적 직업 분야다.

미국 하버드대학교에서 셈족어와 인도-이란어 고전문헌학 박사학위를 받은 서울대 종교학과 배철현 교수는 그의 저서 《수련》에서 "기술이란 어떤 새로운 것을 만드는 행위가 아니라 자연에 존재하는 이질적인 요소들을 융합하는 솜씨다. 기술을 의미하는 그리스어 테크네 tekhnē가 흔히 예술을 의미하는 라틴어 아르스ars로 번역되는 것은 우연이 아니다"라고 말한다.[33] 즉, 둘 다 창조의 기본이 조합, 융합이라는 뜻이다. 예술과 기술에서 중요한 부분이 바로 조합과 융합이라니 참으로 다행이다. 희망이 있다. 우리는 조합, 융합 DNA를 가지고 태어난 민족 아닌가. 다른 재료를 섞어 새로운 맛을 내는 맛깔스러운 음식인 비빔밥을 떠올려보라. 이러한 우리의 끼를 마음껏 펼쳐나가면 아무리 힘든 어려움도 이겨낼 수 있을 것이다.

인공지능과 로봇 기술, 3D 프린팅, 드론 등 4차 산업혁명 시대에 새로운 융합기술들이 새로운 일자리를 창출할 것이라는 예측은 반가운 소식이 아닐 수 없다. 역사적으로 볼 때 산업혁명으로 인해 없어지는 일자리도 있었지만, 반대로 새로운 직업이 많이 늘어난 것으로 나타났다.

음성인식으로 우리를 편하게 해주는 인공지능 스피커도 처음에는 많은 데이터를 가지고 학습한다. 음성 데이터를 분류하거나 정확하게 교정하는 작업 등은 사람이 직접 컨트롤해서 인공지능 시스템이 올바로 학습하도록 돕는다. 구글의 음성 데이터 세트는 유튜브 동영상에서 발췌하고 사람이 분류한 10초 분량의 음성 파일 2,084,320개를 632개의 음성 클래스로 분류하고 있다.[34] 200만 개 이상의 음성 파일을 듣고 교정하거나 분류하는 데에는 얼마나 많은 사람이 필요할까? 데이터를 교정하거나 분류하는 데이터 분류가Data Labeler는 이제껏 없던 새로운 직업이다. 인공지능 연구에는 사람의 눈과 귀가 절대적으로 필요하다. 컴퓨터를 학습시키기 위한 인간의 노력은 절대적이다. 데이터를 인식하고 분류하는 일이 워낙 노동집약 작업이어서 컴퓨터를 활용하는 방안이 등장하지만 아직은 완벽하지 않다.

인공지능이 인간을 완전히 대체하는 것은 불가능하다. 반복적이고 복잡한 계산을 요하는 일은 컴퓨터가 잘할 수 있다. 우리가 하기 힘든 일은 컴퓨터에게 맡기면 된다. 인지과학자 스티븐 핑커Steven Pinker는 다음과 같이 재미있는 언급을 했다.[35]

"35년 동안 인공지능 연구가 주는 중요한 교훈은 어려운 문제는 쉽고, 쉬운 문제는 어렵다는 것이다. 얼굴을 알아보거나, 방을 질러 걸어가거나, 질문에 대답하는 등 네 살배기 지능 수준 정도는 제일 어려운 엔지니어링 문제 중 하나를 푸는 것과 같다."

그렇다. 어린아이가 스스로 알아서 쉽게 하는 일도 인공지능 기계는 스스로 하지 못한다. 일본이 자랑하던 걸어다니는 로봇인 혼다의 아시모가 계단을 올라가다가 넘어져 못 일어난 사건이 있었다. 혼다는 2018년 6월 아시모 로봇 생산을 중단하고 로봇 기술을 간병이나 교통 분야에 활용하기로 결정했다.[36]

역량이 부족한 것이지 일자리가 부족한 것은 아니다

콰이어트 로지스틱스Quiet Logistics의 CEO인 브루스 웰티Bruce Welty는 "로봇 한 대당 사람 1~1.5명의 경비를 절감하게 한다"고 고백했다. 물류센터에서 주문을 처리하는 일자리는 로봇으로 대체되겠지만, 또 다른 새로운 일자리가 생겨나기도 한다. 즉, 관리자나 노동자들은 물류센터 시스템 운영 기술을 배워 더 나은 일자리에서 일할 수 있게 된다. 미국 잡지 〈애틀란틱The Atlantic〉도 "기술 발전으로 인해 직업이나 업무 환경이 변화하면서 필요하게 된 새로운 역량이 부족한 것이지 일자리가 부족한 것은 아니다"라고 전망했다.[37]

그렇다면 미래에는 어떤 역량이 더 필요할까? 기술과 환경의 변화에 따라 새로운 기술을 활용하는 역량이 필요하며, 무엇보다 빅데이터 관련 전문 역량이 매우 필요하다. 세계경제포럼에서 발표한 〈일자리의 미래〉 보고서가 2020년에 가장 유망하다고 뽑은 직종 중 하나다. 4차 산업혁명 시대의 특징 중 하나인 데이터 자본주의 사회에서는 돈보다 데이터가 중요하기 때문이다. 데이터가 얼마나 정확한지 파악하고, 데이터를 바르게 분류하고 분석하여 가치를 찾도록 하는 일 등 데이터 기반의 경영이 기업과 사회의 성장을 좌우하게 된다.

데이터를 교정하거나 분류하는 데이터 분류가는 앞서 언급한 대로 새롭게 등장한 직업이다. 데이터 분석가는 데이터에 기반을 둔 정보, 올바른 데이터 분석을 통해 가치를 찾아내는 작업을 한다. 현장 전문가, IT 전문가, 경영진, 영업직원 등 다양한 인력들과 드림팀을 이루어

사업에 필요한 통찰력을 끄집어내는 리더십도 발휘해야 한다. 빅데이터를 이해하고 분석하는 데이터 분석가를 포함한 데이터 전문가, 흔히 말하는 데이터 과학자Data Scientist도 많이 필요하다. 이와 관련하여 데이터 모델링 전문가, 데이터 시각화 전문가, 데이터 관리 전문가, 데이터 청소 전문가 등 여러 전문가들이 필요할 것이다.

컴퓨터로 빅데이터를 이해하고 분석하는 능력에 인공지능을 활용할 수도 있다. 인공지능 기술은 기업이나 공장 등 적용하고자 하는 분야에 특화되어야 한다. 모든 분야에 적용 가능한 하나의 인공지능은 없다. 이세돌을 이긴 알파고는 바둑에 특화된 인공지능 시스템이다. 다른 분야에서 힘을 발휘하기 위해서는 그 분야를 다시 학습하고 실력을 쌓아가야 한다. 즉, 적용하고자 하는 분야에 맞춤형 인공지능 알고리듬과 시스템을 개발해야 한다. 적용할 산업 분야를 잘 이해하는 전문가, 인공지능 알고리듬과 시스템 개발자, 관리자, 유지보수 전문가, 인공지능 학습 전문가, 인공지능과 인간의 연결 전문가 등 다양한 적용을 위한 전문 역량과 전문가를 필요로 한다.

로봇은 점점 자동화 기계에서 지능화 기계로 발전하고 인간 친화형 기계로 진화할 것이다. 따라서 로봇과 인공지능의 결합은 많은 일자리 기회를 창출할 것이다. 로봇은 활용되는 환경과 장소에 따라 맞춤형 조정과 관리가 필요하다. 로봇 운영과 관리, 폐기, 공장의 프로세스, 통신 네트워크, 데이터 생성과 분석, 근로자와의 협업 등 많은 부분을 고려해야 하기에 로봇을 활용하기 위한 전문가들이 필요하다. 로봇 운영 관리자, 로봇 폐기 전문가, 통신 전문가, 센서 전문가, 인간과 로봇 공존 전문가, 프로세스 전문가, 새로운 공장 운영관리 전문가, 로봇 데이터 전문가, 로봇 인공지능 분석가 등 다양한 전문적 역량을 예상할 수 있다.

사물인터넷 기술 또한 엄청난 일자리를 창출하리라 예측할 수 있다. 지구상에 2020년까지 500억 개, 2050년까지 1조 개 사물인터넷 장치가 존재한다면, 사물인터넷 장치에 들어가는 좁쌀만 한 칩에서부터 통신망, 빅데이터, 인공지능 기술 등 사물인터넷 생태계에 필요한 기술 역량은 매우 다양하다. 칩 제조, 칩을 활용한 모듈 개발과 제조, 장치 개발과 제조, 통신, 보안, 장치 적용 설계, 장치 설치·유지·보수, 정확한 데이터 생성, 데이터 관리와 운영, 인공지능 관련 역량 등 지금보다 더 세밀한 역량이 필요하다.

3D 프린팅 기술은 이제 제조업과 의료계에서 관심을 갖고 적용을 시도하고 있지만 우리나라는 아직 걸음마 단계에 머물러 있다. 시장도 작고 관심도 낮아서 국내 기술보다는 해외 기술이 더 많이 활용되고 있는 현실이다. 이제 시작하는 금속 3D 프린터 국산화를 위한 3D 프린터 개발 역량, 3D 모델링, 3D 디자인, 3D 프린터 유지 보수, 소재 개발, 3D 프린팅 적용 전문가, 맞춤형 제조 전문가, 3D 적용 프로세스 전문가, 가상물리 시스템 전문가, 3D 프린팅 후처리 전문가 등 많은 전문가들이 필요하다. 맞춤형 소량 생산 방식에 절실히 요구되는 분야다.

기술 변화가 사회를 바꾸고 기술도 사람에 의해 진화하지만, 어디까지나 사람을 위한 기술이어야 한다. 제품이나 서비스도 모두 사람을 위해 존재한다. 특히 고객의 '놀라운 경험'이 중요한 4차 산업혁명 시대에는 사람에 의한 행동, 사람을 위한 노력이 그 어느 때보다 중요해질 것이다. 사람에 관한 역량들, 즉 공감 능력, 소통 능력, 비판적 사고 능력, 창조력, 학습 능력, 가르치는 능력, 배려 등 인문학적 능력이 요구될 것이다. 이와 관련한 일자리와 직업도 더 세분화될 것이다. 예를 들면, 화장품 판매원도 여자 화장품, 남자 화장품, 시니어 화장품 판매원 등으로 세분화되지 않을까? 기술만능주의에서 벗어나 인간만의, 인간다운 삶을 갈망하고 추구하는 시대가 다시 도래하고 있다. 새로운 르네상스 시대가 오고 있다. 인문학이 다시 각광을 받고 사람의 시대, 사람에 의한 시대, 사람을 위한 시대, 사람이 대접받는 시대가 다가오고 있다.

4장

호모 커넥서스의
퍼스트 펭귄들

"무서운 포식자들이 으르렁거리는 거친 파도에 누가 뛰어들 것인가?"

모두 배고픈 와중에 바다에 나가 고기를 물고 와 아이들에게 먹여야 하는 상황. 무섭게 몰아치는 폭풍우도 두렵지만 더 무서운 것은 내가 뛰어들기를 손꼽아 기다리는 포식자들. 그럼에도 누군가는 바다에 뛰어들어야 한다. 눈을 질끈 감고 죽기 아니면 살기로. 이때 누군가 과감히 뛰어든다. 퍼스트 펭귄이다. 그리고 한참 동안 보이지 않고 바닷속을 헤엄쳐 다니다가 물 위로 머리를 내밀고 동료들에게 손짓한다.

"나, 여기 살아 있어! 여긴 먹을 게 많아! 어서 뛰어들어! 내가 있잖아!"

4차 산업혁명의 쓰나미가 몰려오는 이 시간! 모두 두려워 어찌할 바를 모르고 어리둥절, 갈팡질팡, 멀뚱멀뚱 있을 때 '첨벙' 뛰어드는 용감한, 아니 겁 없는, 세상 물정 모르는, 바보 같은 녀석. 다들 숨죽이고 이 녀석이 과연 살 수 있을까 지켜본다.

그렇다. 퍼스트 펭귄은 용감하다. 실패 따위는 두려워하지 않는다. 때로는 바보스럽다. 세상 물정을 모르는 것 같다. 두려움에 맞선다. 스스로 변화한다. 힘차고 우직하게 밀고 나간다.

어디선가 들어본 단어가 문득 생각난다.

"Stay Hungry, Stay Foolish!"

스티브 잡스가 2005년 스탠퍼드대학교 졸업식에서 졸업생들에게 당부한 유명한 연설 대목이다.

"갈망하라, 바보같이 우직하게 나아가라!"

바보 같은 퍼스트 펭귄이 있기에, 변화와 두려움 앞에서 우리는 희망을 갖고 조심스럽게 한 발 한 발 내딛는 용기를 내게 된다. 그리고 드디어 우리도 두려움과 희망의 바다로 '첨벙' 뛰어든다.

여기 4차 산업혁명 시대를 이끌어가는 퍼스트 펭귄, 호모 커넥서스를 소개한다. 이들에게 배워 더 많은 가치를 창출하는 훌륭한 인재로 성장하기 바란다. 아울러 희망을 갖고 죽기 살기로 변화와 두려움을 헤쳐나가자!

호모 커넥서스는 개척자다. 퍼스트 펭귄이다. 그중에 본받을 만한 이 시대의 퍼스트 펭귄 일곱 명을 '쪽집게 강의'식으로 간단히 소개한다. 이들에 대한 자세한 정보는 서적과 인터넷에 너무나 많다. 관심 있는 독자는 살펴보면 좋을 것이다. 어떤 순서로 설명할 것인지 고민했다. 기업 매출 순으로 하자니 한 명은 연구소장이어서 어려웠다. 결국 회사 이름의 영어 알파벳 순으로 결정했다. 이들 회사 이름과 일곱 명의 퍼스트 펭귄은 다음과 같다.

- 알리바바Alibaba의 마윈Ma Yun
- 아마존닷컴Amazon.com의 제프 베조스Jeff Bezos

- 구글Google의 래리 페이지Larry Page와 세르게이 브린Sergey Brin

- MIT 미디어랩MIT Media Lab의 조이 이토Joi Ito

- 소프트뱅크SoftBank의 손정의Masayoshi Son

- 테슬라Tesla의 엘론 머스크Elon Musk

이제 이들이 가지고 있는 개척, 혁신, 협업, 경영 정신을 살펴보자.

마윈
"천하에 어려운 장사가 없게 하라"

'알리바바'라는 회사 이름은 마윈이 어느 날 샌프란시스코 커피숍에서 우연히 《아라비안 나이트》에 나오는 알리바바를 생각해 지었다. "천하에 어려운 장사가 없게 하라"는 비전으로 중국 중소기업들이 뛰놀 멍석을 만들었다. 알리바바에 와서 "열려라 참깨!" 하면 제품과 서비스를 전 세계를 대상으로 장사할 수 있도록. 중국어 Baba爸爸는 아버지여서 알리마마Alimama도 상표 등록을 했다고 한다.[2] 중국어로 Mama妈妈는 어머니다.

11월 11일 우리나라의 빼빼로데이가 중국에서는 광군제 또는 싱글스 데이 행사 날이다. 혼자 있는 사람들이 온라인 쇼핑 할인행사를 즐기도록 알리바바가 2009년부터 시작했다. 2018년 광군제 행사는 하루 총 거래액으로 2,135억 위안약 34조 7천억 원을 기록했다. 사상 최고치다. 2017년 1,682억 위안약 28조 3천억 원보다 26.9% 증가했다. 우리나라 2018년 국방비 약 43조 2천억 원의 80%에 해당하는 어마어마한 금액이다. 2018년 아마존의 사이버먼데이 매출 79억 달러약 8조 8,480억 원, 블랙프라이데이 62억 달러약 6조 9,440억 원, 프라임데이 41억 9천만 달러약 4조 6,928억 원를 다 합친 182억 9천만 달러약 20조 4,848억 원보다 1.7배나 많다. 우리 기업들도 이때 일본, 미국에 이어 3위의 매출을 올렸다.

향후 중국의 소비 시장은 지속적으로 확대될 것이다. 중산층 인구가 늘고 있기 때문이다. 세계 최대 인구 14억 2천여만 명 중 3억여 명이 중산층이다. 세계 중산층 인구의 30%를 넘어서 중산층 인구가 세계 최대로 올라섰다. 미국의 총인구 약 3억 2,600만 명과 맞먹으며, 2020년까지 6억 명으로 늘어날 것으로 예상한다.[3] 또한 2016년 중국 중산층이 벌어들인 평균 가처분 소득은 23,821위안약 402만 원으로 2012년 대비 44.3% 많아졌다.[4] 이처럼 중산층이 증가하고 소득이 늘면서 소비가 지속적으로 늘어날 전망이다.

여기서 주목할 것이 있다. 광군제 온라인 쇼핑 할인행사를 성공적으로 이끈 바탕에는 알리바바의 클라우드 컴퓨팅 기술과 AI 분석 능력이 있었다는 것이다. 예를 들어, 2017년 행사 기록을 보면 엄청나다. 56억 개의 개인 맞춤형 홈페이지가 만들어졌고, 총 14억 8천만 건, 초당 17,130건의 결제가 이루어졌다. 시간당 10만 대의 서버가 데이터 2억 4,600만 기가바이트를 하루에 처리했다.[5]

알리바바는 온라인 시장과 오프라인 시장을 결합하여 새로운 유통 체계를 구축하고 있다. 상하이에서 운영하는 신선식품 매장 '허마센

성盒马鲜生 슈퍼마켓'이 대표적이다. 우리나라의 수산시장처럼 수산물을 고르고 옆에 있는 식당으로 가져가 요리를 해서 먹는 방식과 비슷하다. 하지만 '허마셴셩 슈퍼마켓'에서는 수산물을 온라인으로 구매할 수도 있다. 모바일 앱으로 주문한 수산물 그대로, 혹은 요리사가 조리한 음식을 택배로 신청할 수 있도록 편리함을 더했다. 결제는 물론 모바일 결제다. 우리나라 수산시장보다 편리하고 간편하다. 이미 상하이를 비롯한 10개 도시에서 운영 중이다.

중국에서는 노숙자도 QR코드로 구걸한다. 현금을 받지 않는다. 알리페이나 위챗페이 같은 모바일 결제 덕분이다. 우리나라보다 핀테크가 더 발전해 있다.

저장성 항저우 출신의 마윈 회장은 항저우사범대 영어교육과를 졸업한 후 영어 교사로 일하다가 미국으로 건너가 인터넷을 접한 후 중국에서 사업에 도전했다. 그리고 중국으로 돌아와서 지인 24명에게 인터넷 사업을 하겠다고 거의 두 시간 동안 설명했다. 그런데 23명이 반대하고, 한 명만 "하고 싶은 거면 해야죠. 대신 아니다 싶으면 바로 손 떼고 나와야 합니다"[6]라고 말했다. 그 후 몇 번의 사업 실패 끝에 1999년 2월 21일 항저우에 있는 자기 아파트에서 그는 17명의 동료와 알리바바를 창업했다.

2013년 4월 스탠퍼드대학교 경영대학원 컨퍼런스에서 마윈은 알리바바의 성공 비결에 대해 "창업 초창기에는 돈, 기술, 계획도 없었다. 오로지 '천하에 어려운 장사가 없게 하라'는 비전으로 기회를 찾고 그 기회를 잡으려고 노력했다. 돈이 없으니 가장 혁신적이면서도 비용

면에서 효율적인 방법을 모색해야 했다. 기술을 잘 모르기에 기술 역량이 뛰어난 인재를 존중하고 같이 일할 수 있었다. 계획은 없었지만 급변하는 환경과 기술, 고객 요구에 최대한 부응하는 데 모두가 노력하여 오늘의 알리바바가 되었다"고 회상했다.

알리바바가 지향하는 목표는 '102년 동안 계속 발전하는 기업'이다.[7] 1999년에 탄생했으니 102년 후면 2101년으로, 22세기 초가 된다. 그때까지 성공하여 3세기 동안 꾸준히 발전하는 기업이 되겠다고 한다. 3세기를 향한 꿈과 도전이 정말 멋지다. 2018년 9월 10일 마윈 회장은 1년 후에 은퇴한다고 발표했다. 은퇴 후에는 교육과 자선사업에 힘쓸 계획이란다.

알리바바의 창업과 비전, 성장하는 모습을 보면서 깊은 고민이 든다. 용의 등에 올라타 더 멀리 글로벌로 나아갈 것인가? 아니면 서서히 열을 가해도 뛰어나오지 못해 끝내 죽어가는 유리병 속 개구리가 될 것인가? 급변하는 세계에서 눈 부릅뜨고 경쟁자를 물리쳐 더 큰 시장에서 우뚝 설 것인가? 우리 기업들은 어떤 선택을 할까? 모쪼록 현명한 선택을 기대한다.

제프 베조스
"내 사업에 한계는 없다"

아마존닷컴을 모르는 사람은 없을 것이다. 10년 전만 해도 아는 사람이 많지 않았는데 요즘은 "이거 아마존에서 샀어요!" 하고 자연스레 말하는 시대가 되었다. 세계 최고의 부자, 시애틀에서 가장 크게 웃는 사나이, 제프 베조스가 1995년 시애틀에서 창업한 아마존닷컴. 아마존강은 잘 몰라도 남녀노소 누구나 아는 이름이 된 아마존닷컴은 온라인 서점으로 시작해 식료품 슈퍼마켓, 의류, 클라우드 컴퓨팅 서비스, 음악, 영화, 동영상, 알렉사 인공지능 비서, 우주산업 등으로 어마어마하게 사업을 확장하고 있다. 2018년 9월 〈포브스〉 발표에 따르면 베조스는 자산이 1,633억 달러약 183조 4천억 원로 포브스가 미국의 부자들을 조사해온 지난 30년 동안 자산 총액 1,500억 달러약 168조 원를 돌파한 첫 번째 인물이라고 한다.[8]

"알렉사, 새로 나온 책《호모 커넥서스》주문해줘!"라고 말하면 알렉사가 바로 아마존에 주문을 한다. 스마트폰이나 PC도 필요 없다. 말만 하면 된다. 디지털 기기와 소통하는 방법이 손가락에서 입으로 옮겨가고 있다. 입만 벙긋하면 원하는 물건을 사고, 인터넷을 서핑하는 세상! 이제는 입만 가지고 다니면 된다.

인공지능 스피커로 무장한 알렉사는 이제 스마트홈을 넘어 스마트카 진영으로 진격하고 있다. 인공지능 스피커 에코Echo로 집에서는 인공지능 전자레인지, 경비 시스템, 조명, 온도 등 스마트홈 기기를 관리할 수 있다. 차 안에서는 에코 오토Echo Auto로 알렉사가 내비게이션, 음악 재생, 전화 걸기 등을 수행할 뿐만 아니라, 집 안의 스마트홈 기기도 제어할 수 있다. 미국 스마트홈 시장은 AT&T, Verizon, Sprint 등 통신사업자를 비롯해 구글, 애플, 알리바바 등 인터넷 기업은 물론 삼성, LG 등 가전회사들이 경쟁하고 있다.

여기에 아마존닷컴의 알렉사가 등장하여 더욱더 경쟁이 치열해질 전망이다. 스마트카 시장은 애플의 카플레이Carplay, 구글의 안드로이드 오토Android Auto, 현대의 블루링크Blue Link 등이 경쟁하고 있는데, 아마존닷컴의 에코 오토까지 등장해 그 결과가 어떨지 자못 흥미진진하다. 인공지능 스피커인 구글의 어시스턴트, SK의 누구, KT의 기가지니, 네이버의 클로바가 스마트카 시장에 진출할지도 궁금하다.

2018년 9월 4일 미국 경제 전문지인 〈포브스〉와의 인터뷰에서 베조스는 "시장이 한계가 있는 다른 사업들이 있다. 하지만 우리에게는 그런 문제가 없다"고 말했다.[9] 아마존닷컴의 사업에는 한계가 없단다.

이미 현실로 나타나고 있어 무섭기까지 하다.

'Amazonned'나 'Amazonized'라는 단어를 들어본 일이 있는가? 자고 일어나니 하루아침에 내 사업이 "아마존닷컴에 의해 파괴되었다"는 신조어다. 아마존닷컴이 거침없이 진격하는 바람에 사업이 하루아침에 무너져내렸다는 말이다. 한때 세계 최대 장난감 회사였던 토이저러스Toys "R" Us가 아마존에 밀려 폐업했다. 미국에서 소매점이 망하거나 어렵게 지탱하는 등 소매시장이 붕괴되기 시작하면서 사회 문제로 대두되고 있다. 2017년 한 해 미국에서 6,985개의 소매상이 폐업을 발표했다고 한다.[10] 1년 전에 비해 200% 이상 증가한 수치다.

그렇다면 아마존은 어떻게 이렇게 거침없는 거대한 포식자가 되었을까? 다양한 이유가 있겠지만 세 가지로 압축할 수 있다. 첫째, 고객 중심이 아니라 고객 집착 문화다. 아마존닷컴은 고객에게 필요한 것을 최우선으로 둔다. 동영상 서비스를 출시하고 얼마 지나지 않아 한 고객에게 환불 통지가 도착했다. 고객이 인지하지 못한 서비스 문제에 대한 사과와 함께. 아마존닷컴의 모든 프로젝트는 고객으로부터 시작한다. 뒷장에 자세히 설명할 '거꾸로 일하기' 방식이다. 둘째, 빅 데이터의 고객 정보와 분석 역량이다. 클라우드 컴퓨팅 플랫폼과 인공지능 기술을 포함한 세계 최고 클라우드 컴퓨팅 서비스를 활용하는 고객 맞춤형 추천 서비스가 대표적이다. 셋째, "혁신하라, 그렇지 않으면 죽는다"는 혁신 정신이다. 내가 혁신하지 않으면 다른 사람이 혁신하여 우리를 죽인다고 베조스는 주장한다. 이 정신이 인공지능 비서인 알렉사, 대시버튼, 킨들 전자책, 물류 시스템, 원 클릭 주문 기능

같은 혁신을 만들었다. 이 혁신 정신이야말로 다른 기업들을 어렵게 하고 있다.

10만 대 이상의 로봇을 활용하여 고객이 주문 결제한 후 30분 만에 배송 트럭에 싣는 빠른 물류 시스템은 유통산업 평균 120분 대비 25% 수준으로 빠르다. 아마존닷컴은 최고의 물류센터와 시스템을 적극 활용할 뿐만 아니라 이를 다른 기업에도 제공하고 있다. 동반 성장을 꾀하는 것이다.

클라우드 컴퓨팅 서비스인 아마존 웹 서비스Amazon Web Service는 2018년 매출 256.55억 달러약 30조 7,860억 원에 영업이익 72.96억 달러약 8조 7,550억 원를 기록해 아마존 전체 영업이익 124.21억 달러약 14조 9,050억 원의 59%를 차지하는 핵심 사업이다.[11] 책을 잘 팔려고 클라우드 컴퓨팅 기술을 자체 개발하고 활용하여 성공했다. AWS 플랫폼 또한 다른 기업에 제공하는 웹 서비스 사업으로 확장했다. 카날리스Canalys 보고서에 따르면,[12] 2018년 세계 클라우드 컴퓨팅 서비스 시장에서 아마존은 점유율 31.7%로 1위 기업이다. 마이크로소프트 애저Azure가 16.8%, 구글 클라우드 서비스가 8.5%로 그 뒤를 잇고 있다.

그렇다면 베조스의 경영 스타일은 어떨까? 모든 직원이 'Day 1' 정신을 습관화하고 실천하여 스타트업 문화를 고수하도록 하고 있다. 또한 회사 내 의사결정 속도가 매우 빠르고, 민첩하게 움직인다. 빠르게 실험하고 실패를 용인한다. 혁신적인 아이디어들이 관리자로부터 배척당하는 것을 방지하기 위하여 "예스Yes"를 받을 수 있는 다양한 경로를 만들어놓았다. 그 경로 중 한 곳에서만 "Yes"를 받아도 아이디어를 추진하고 결과를 실험할 수 있다. 이러한 시스템을 구축하고 경영진들에게 자율권을 부여하여 운영을 맡긴다. 정작 본인은 2~3년 앞을 내다보며 경영한다.[13] 그는 "오늘 발표한 분기 실적은 이미 3년 전에 실행한 결과"라고 말한다. 다시 말해 '2018년 오늘 일하는 것은 3년 후인 2021년을 위한 것이다'라는 뜻이다. 베조스는 회사의 방향을 바꾸는 굵직하고 중요한 사업은 세 가지를 점검한다고 한다. 독창성, 규모와 실리콘밸리 수준의 투자수익률Return On Investment, ROI이 그것이다.

베조스는 2000년 민간 우주항공 기업인 블루 오리진Blue Origin을 창업했다. 지구를 보존하기 위해 우주에 호텔, 공원, 식민지를 건설하여 사람을 살게 하겠다는 고교 시절의 꿈을 실현하고자 설립했다. 재사용 로켓을 개발하여 민간 우주여행을 위한 비행선을 지구 궤도까지 비행시키고 무사히 귀환시켰다. 베조스는 블루 오리진이 개발한 우주선으로 2019년에 인간을 우주에 보낼 계획이라고 2018년 9월 19일 발표했다.[14] 2019년부터는 우주 관광여행 티켓도 판매한다.[15]

엘론 머스크가 2023년에 일본의 억만장자 마에자와 유사쿠와 달나라 여행을 계약한 후, 베조스가 바로 우주여행에 대한 계획을 발표하여 두 괴짜 사나이들의 우주사업 경쟁은 한층 더 재미있게 되었다.

최근 그는 온라인 서점, 유기농 슈퍼마켓을 넘어 또 다른 산업에 눈을 돌리고 있다. 미국에서 GDP의 18%를 차지하는[16] 최대 산업이지만 가장 고질적인 문제를 안고 있는 의료 서비스 부문이 그것이다. 2018년 1월 미국의 대형 금융사인 JP 모건, 워렌 버핏의 투자회사인 버크셔 해서웨이와 비영리 합자 계획을 시작하여 의료 서비스 부문

개혁에 본격적으로 돌입했다. 개인 의료 서비스의 수가를 낮추는 것뿐 아니라 빅데이터 분석과 인공지능 기술 등 여러 첨단 도구를 활용하여 의료 서비스 개선에도 힘쓸 계획이란다. 아마존닷컴의 56만 명, JP 모건의 23만 4천 명, 버크셔 해서웨이 그룹의 30만 명을 포함한 100만 명이 넘는 직원을 상대로 새로운 의료 서비스를 실험하는 것만으로도 좋은 결과를 도출하리라 예상된다. 또한 2018년 6월에는 온라인 약국인 필팩Pillpack을 10억 달러약 1조 1,156억 원에 인수하여 고객이 24시간 처방 약품을 살 수 있도록 했다.

이와 같은 아마존의 사업 확장 전략을 통해 우리가 배워야 할 것이 있다. 첫째, 고객 집착 문화다. 둘째, 내가 잘하는 역량을 세계 최고로 만들고, 이를 새로운 사업으로 확장하는 것이다. 셋째, 민첩하게 변화에 대응하며 실험하고 실패를 용인하는 것이다. 이 세 가지를 반면교사로 삼고 심사숙고하여 아마존닷컴과 같은 기업이 국내에서도 생겨나기를 간절히 바란다.

래리 페이지와 세르게이 브린
"관습에서 벗어나라"

구글은 1998년 8월 래리 페이지와 세르게이 브린에 의해 샌프란시스코의 실리콘밸리에 위치한 멘로파크 창고에서 시작되었다. 그들의 사명은 '전 세계 정보를 정리하여 누구나 편리하고 유용하게 하는 것'이었다. 전 세계의 정보를 누구든 쉽고 편리하게 이용할 수 있도록 정리하여 검색할 수 있도록 하는 사업이 구글의 본질인 것이다. 그렇다. 어느 개인이나 도서관, 박물관, 미술관, 기업, 국가에 국한된 것이 아니라 전 세계의 모든 정보를 목표로 한 것이다. 이런 사명이 있었기에 인터넷으로 모든 정보를 정리하여 쉽게 검색할 수 있도록 검색 엔진을 개발하고 누구의 압력이나 지시를 받지 않고 당당하게 검색 결과를 보여줄 수 있었다.

창업한 지 20년이 지난 지금까지도 그들은 처음의 사명을 잊지 않고 꾸준히 수행하며 우리가 상상하지 못한 일들을 하고 있다. 모든 도서관의 책을 디지털 서적으로 변환하여 누구나 쉽게 찾고 읽도록 하는 구글 북스 도서관Google Books Library 프로젝트의 경우 2015년 10월에 이미 100개국의 400개 언어로 기록된 2,500만 권 이상을 디지털로 변환했다.[17] 유명 박물관이나 미술관 소장품을 내 손 안에서 감상할 수 있는 구글 예술과 문화Google Arts and Culture 앱의 경우 박물관 내부를 걸어가면서 소장품들을 구경할 수 있다. 가상현실 기술을 활용한 결과다. 구글 어스Google Earth 지도는 전 세계 어디든 현장에 가지 않고도 길거리 모습이나 빌딩을 볼 수 있다. 상식이나 관습 따위는 확 날려보내는 무모함으로 가히 상상을 초월한 작업들이다.

구글 창업자들은 처음부터 관습을 벗어났다. 1998년 8월 28일 미국 네바다주 사막에서 열리는 예술인들의 축제인 버닝맨 축제Burning Man Festival에서 발표한 로고를 보라.

[출처: 구글 홈페이지, https://www.google.com/doodles/burning-man-festival]

그들은 버닝맨 축제의 상징인 나무 인형을 구글의 로고 한가운데에 그려놓고 전 직원이 참석하고 있다는 것을 알렸다.[18]

관습의 틀을 깨는 이러한 의식을 래리 페이지는 미시간대학교에서 공부할 때 참여한 리더십 훈련 과정에서 배웠다. "불가능한 것을 위해

건전하게 무시하라"는 훈련 과정의 슬로건이 미친 듯한 생각을 할 수 있도록 격려했다고 래리는 2009년 모교 졸업식 연설에서 고백했다.[19] 이 슬로건은 오늘날 구글의 애용문이 되었다. 그의 아버지는 미시간대학교에서 통신공학으로 박사학위를 받은 후 컴퓨터공학과 교수로 재직했다. 어머니도 컴퓨터공학과에서 석사학위를 받고 대학에서 프로그래밍을 가르쳤다. 래리는 유대인 교육을 받으며 과학자 부모의 영향으로 일찍이 IT 기술을 경험할 수 있었다.

세르게이 브린은 러시아의 모스크바에서 태어나 1979년 여섯 살 때 부모와 함께 미국으로 이민을 왔다. 수학자였던 아버지와 어머니는 반유대주의 분위기 때문에 러시아를 떠났다. 미국으로 이민 온 후 세르게이의 아버지는 메릴랜드대학교에서 수학교수로 일했고 어머니는 나사NASA에서 과학자로 일했다. 메릴랜드에 정착한 부모는 그를 페인트 브랜치 몬테소리 학교에 보냈다. "정말 몬테소리 방식을 즐겼어요. 나는 나만의 속도로 성장할 수 있었어요"라고 그는 나중에 회상하기도 했다. 그는 흥미에 맞는 활동을 선택할 자유를 준 몬테소리 환경이 자신의 창의성을 키웠다고 덧붙였다.[20]

스탠퍼드 오리엔테이션 팀원으로 일하던 1995년 봄, 세르게이는 학교에 입학한 래리와 만나게 되었다. 세르게이와 래리, 둘은 유대인으로 1973년에 태어났고, 아버지는 대학교수, 어머니는 과학자였으며, 몬테소리 초등학교에 다녔다는 재미있는 공통점이 있었다. 그리고 유대인 가정교육 방식인 철저하게 토론하는 문화 속에서 성장했다.

의도적으로 관습을 벗어나는 그들의 정신은 회사 좌우명인 "사악하지 말라Don't be evil"와 아래 열 가지 신념Ten things we know to be true에 잘 나타나 있다.[21]

1. 사용자에게 집중하면 나머지는 저절로 따라온다. Focus on the user and all else will follow.

2. 한 가지라도 정말로 정말로 잘하는 것이 최선이다. It's best to do one thing really, really well.

3. 빠른 것이 느린 것보다 낫다. Fast is better than slow.

4. 인터넷에서 민주주의는 통한다. Democracy on the web works.

5. 답을 찾으려고 굳이 책상 앞에 앉아 있을 필요는 없다. You don't need to be at your desk to need an answer.

6. 사악하지 않고도 돈을 벌 수 있다. You can make money without doing evil.

7. 세상에 정보는 무한하다. There's always more information out there.

8. 모든 국경을 초월하여 정보가 필요하다. The need for information crosses all borders.

9. 정장을 입지 않아도 진지할 수 있다. You can be serious without a suit.

10. 위대하다고 해서 충분한 것은 아니다. Great just isn't good enough.

이 신념에는 집중, 속도, 정보, 개방과 공유, 자유과 책임 등 여러 가지 철학이 배어 있다. 당신은 어느 것이 마음에 와닿는가? 어느 것을 삶이나 기업에 적용할 것인가?

구글의 문화는 관습의 틀에서 벗어나 생각하고 질문하고 토론하는 두 창업자의 태도에서 시작되었다. 창업 초기부터 권위를 부정하고 전통적인 관습이나 습관, 생각, 상식, 방식을 의심하여 '왜?'라고 질문한다. 세상이 상식으로 생각하던 것을 뒤집어놓고 미친 듯이 새로운 것에 열정을 쏟는다. 두 창업자에게는 "세상이 만들어놓은 한계를 뛰어넘으려는 열망이 있었다. 누구의 허락도 구하지 않고" 말이다. 《구글 스토리The Google story》의 저자 마크 맬시드Mark Malseed가 말했듯이.[22]

　구글에는 '20% 시간' 정책이란 것이 있다. 정규 프로젝트 외에 일하는 시간의 20%를 자신이 생각하기에 구글에 가장 이익이 될 만한 일에 할애하라는 주문이다. 이 정책이 직원들을 더 창의적이고 혁신적으로 만든다고 한다. 돈만 생각하는 기업은 쉽게 실행할 수 없는 정책이 아닐까? 창의력과 혁신력이 중요해지는 4차 산업혁명 시대에 직원들을 촘촘하게 관리하는 것이 경영자의 임무라고 생각하는 우리 기업들은 "관습에서 벗어나라"는 구글 창업자들의 태도를 새겨볼 필요가 있다.

조이 이토
"만들고 출시하고 배워라"

미국 매사추세츠 공대 미디어 연구소MIT Media Lab의 조이치 조이 이토伊藤穰, Joichi 'Joi' Ito 소장은 일본에서 태어났다. 부모를 따라 캐나다로 이주했다가 세 살 때 미국 디트로이트에 정착했다. 경직되고 한심하다며 다니던 미국 명문 터프츠대학교Tufts University의 컴퓨터공학과 과정을 중퇴한 후 다시 시카고대학교University of Chicago 물리학과에 입학했으나 마음에 들지 않는다고 또 중퇴한 괴짜다. 그리고 시카고의 한 나이트클럽에서 디스크자키로 활동하기도 했으며, 인터넷 브라우저 모질라 재단Mozila Foundation 이사, 오픈소스 이니셔티브Opensource Initiative 이사로 재직하기도 했다.

그러던 어느 날 유명한 미디어랩 전 소장 니콜라스 네그로폰테Nicholas Negroponte의 후임 후보자로 인터뷰를 했는데 그날 자정에 일본

후쿠시마에서 원전사고가 일어났다. 후쿠시마 원전사고 당시 실제 경험한 협동작업을 조이 이토는 다음과 같이 자세하게 TED2014 강연에서 설명했다. [23]

"2011년 3월 10일, 저는 케임브리지 MIT 미디어 연구소에서 교수, 학생, 직원들과 회의를 하고 있었습니다. 우리는 왜 제가 차기 연구소장이 되어야 하는지에 대해 논의하고 있었습니다. 그날 밤 자정, 진도 9의 지진이 일본 태평양 연안에 몰아닥쳤습니다. 제 아내와 가족은 일본에 있었고, 뉴스가 나오기 시작하면서 저는 공황 상태에 빠졌습니다. 저는 뉴스를 보면서 정부 관료와 동경전기공사 직원의 회견에 귀를 기울이고 있었습니다. 그리고 원자로가 폭발하여 그 구름이 제 집 쪽으로 향하고 있다는 이야기도 들었습니다. 제 집은 거기서 겨우 200km 정도 떨어진 곳이었죠. TV에 나오는 사람들은 제가 듣고 싶은 것에 대해서는 이야기하지 않았습니다. 저는 원자로가 어떻게 됐는지, 방사능은 어떤지, 우리 가족은 안전한지 알고 싶었습니다. 그래서 저는 본능적으로 해야 할 것 같은 일을 했습니다. 인터넷에 들어가 제가 무엇을 할 수 있는지 알아내려고 했습니다. 인터넷에는 저 같은 많은 사람들이 무슨 일이 일어났는지 알아보고 있었으며, 그 사람들이 함께 느슨하게 그룹을 형성했습니다. 우리는 그 그룹을 '세이프 캐스트'라고 불렀습니다. 우리는 방사능을 측정하려는 노력을 개시하고, 다른 사람들에게서 자료를 모으려고 했습니다. 정부가 사람들을 위해 그런 일을 하지 않을 것이 명백했기 때문입니다. 3년 후, 우리는 1,600개의 자료 수집원을 갖게 되었고, 우리 스스로 가이거 계수기방사능 세기를 측정하는 장치를 디자인하여 사람들이 그것을 내려받아 직접 네트워크에 연결하도록 했습니다. 우리는 일본 대부분 지역과 전 세계 다른 지역의 방사능을 측정하는 앱을 갖게 되었습니다. 그것은 전 세계에서 가장 성공적인 시민과학 프로젝트 중 하나가 되었고, 그 결과 가장 방대한 공개 방사능 측정 자료를 갖게 되었습니다. 여기서 흥미로운 것은 뭘 해야 할지도 모르는 몇몇 아마추어들이 모여서 어떻게 시민단체나 정부도 할 수 없던 일을 할 수 있었을까 하는 점입니다. 저는 이것이 인터넷과 밀접한 관련이 있다고 주장합니다. 어쩌다 일어난 일이 아니라는 겁니다. 우연도 아니었고, 우리가 했기 때문도 아니었습니다. 그것은 바로 인터넷을 이용하여 모든 사람이 함께 이끌어낸 성과였으며, 일을 해내는 새로운 방식이었습니다. 인터넷이 가능하게 해준 일이었습니다. 인터넷은 지금도 많은 일을 가능하게 해줍니다.”

호모 커넥서스인 조이 이토는 개척자이며 협업자다. 창업하는 인재들에게 “만들고 출시하고 배워라”라고 조언한다. 그는 미디어랩 전 소장인 네그로폰테가 주장했던 ‘데모를 보여주거나 죽거나Demo or Die’는 옛날이야기라고 말한다. 대신 조이는 ‘출시하거나 죽거나Deploy or Die’를 주장한다. 이제는 아이디어만 있으면 중국 선전이나 창업 공간에서 상품을 만들어 빠르게 시장에 출시하라며 시장에서 고객들의 반응을 듣고 배워서 다시 개선된 상품을 만들고, 출시하고, 배우는 과정을 반복하는 것이 필요하다고 주장한다. 중국 선전이나 창업 공간에서 제품을 빠르게 제작할 수 있는 생태계가 조성되었기 때문이다. 시제품으로 보여주고 실제 상용화 제품을 만드느라 시간을 낭비할 수 없는 시대라는 것이다.

그는 또한 교육 대신 학습Learning over Education을 강조한다. 일방적인 교육을 넘어 스스로 학습하는 것이 중요하다며 평생학습을 강력히 추천한다. 이미 세계적으로 활성화된 무크Massive Open Online Course, MOOC를 적극 활용하는 것만으로도 가능하기 때문이다. 무엇보다 그는 고객으로부터 배울 것을 강조한다. 제품을 고객과 만들고 출시하고 배우는 작업이야말로 성공할 수 있는 지름길이라는 것이다. 완벽한 제품을 만드느라 시간을 낭비하지 말고 어느 정도 기능을 가진 제품을 출시해 검증받고 고객의 의견을 적극적으로 듣는 것이 매우 중요하다는 뜻이다. 만들고 출시하고 배우면서 제품을 고객이 원하는 기능, 품질, 가격에 맞추어나가는 과정이야말로 완벽한 제품이 고객과 시장에서 외면당하는 원인을 원천 봉쇄하는 방안이라는 것이다.

중국 제조 생태계를 활용하든지, 창업 공간에서 다양한 생태계와의 협업에 능숙해야 성공할 기회가 있다는 그의 말은 특히 인터넷 사업을 시작하거나 경영하는 사람들이 새겨들어야 할 부분이다. 이미 소프트웨어는 출시한 후 꾸준히 업데이트를 제공하면서 문제를 해결하고 더 나은 기능을 제공하고 있다. 하드웨어 제품도 소프트웨어와 서비스의 융합으로 진화하면서 많은 기업들이 점진적 개선과 시장 검증으로 고객에게 호응을 받아 성공하는 방법을 채택하고 있다. 린 스타트업Lean Startup 방식이라고도 부르지만, 이제는 대기업도 적용이 가능하다. GE는 패스트웍스FastWorks로 명명하며 제조업 혁신을 위한 새로운 경영 방식으로 활용 중이다.

우리는 혁신 제품을 어떻게 만들어가고 있는가? 인터넷의 개방과 공유 생태계를 잘 활용해 만들고 출시하고 배우는 방식을 적용하고 있는가? 고객으로부터 무엇을 배우는가? 아직도 완벽한 제품을 만드 느라 시간을 낭비하여 출시가 늦어지는가? 하드웨어, 소프트웨어, 서 비스 융합을 어떻게 만들고 있는가? 고객과 파트너를 아우르는 생태 계를 연결하는 플랫폼을 가지고 있는가?

손정의
"300년 존속할 조직을 만들어라"

소프트뱅크는 은행이 아니다. 통신사업자도 아니다. 미디어회사도 아니다. 벤처 투자회사도 아니다. 세계 최대 사물인터넷 왕국을 꿈꾸는 손정의孫正義, Masayoshi Son가 그리는 300년 왕국의 야망이다.[24]

일본 메이지 유신의 초석을 다졌고 일본 근대화를 이끈 사카모토 료마를 롤모델로 삼아, 좌우명을 '뜻을 높게!'로 삼고 있는 손정의는 재일교포 3세로 일본 규슈 사가현에서 태어났다. 2018년 〈포브스〉의 발표에 따르면,[25] 손정의 재산은 249억 달러약 28조 원로 전 세계 갑부 순위 39위이며, 일본 최고의 갑부이기도 하다. 1981년 창립된 소프트뱅크 그룹은 매출 826억 달러약 92조 8천억 원에 이르는 거대 기업으로 성장하여 '포브스 2018 글로벌 2,000 기업' 중 39위를 차지했다.[26] 참고로 삼성전자는 매출 2,246억 달러약 252조 7천억 원로 14위였다.

"앞으로 20년 안에 암ARM이 설계한 반도체가 1조 개 이상 지구에 뿌려지게 될 것이다"라고 손정의는 예상하며 영국 반도체칩 설계회사인 암을 2016년 7월 전격적으로 인수해 세상을 놀라게 했다. 스마트폰을 구동하는 반도체 시장의 95% 이상을 장악하고 있는 암을 인수하여 스마트폰을 넘어 자동차, 공장, 설비, 가전제품 등 모든 사물이 연결되는 사물인터넷 세상을 미리 내다보고 신의 한 수를 둔 것이다.

그는 일본 이동통신 서비스를 위시하여 야후 재팬의 인터넷 서비스, 소프트뱅크의 벤처펀드, 보스턴 다이나믹스Boston Dynamics의 로봇 사업을 비롯해 다양한 사업을 추진하고 있다. 또한 미국 3위의 통신사인 스프린트Sprint도 운영하고 있다. 1999년 10월, 만난 지 10분 만에 알리바바 창업자 마윈에게 300만 달러약 33억 9천만 원를 투자하기도 했다.

손정의는 여기서 더 나아가 암을 인수하여 사물인터넷 세상에서 왕국으로 성장하고 300년 동안 존속하는 기업을 만들어가는 발판을 마련하고 있다. 그는 다양한 사업에 투자하여 사업 영역을 확장하는 전략을 '군전략'이라고 부른다.[27] 쉬운 말로 하면 연합군 전략이라고 할 수 있겠다. 서로 다른 브랜드와 비즈니스 모델을 지닌 다양한 기업 연합군이 자본과 사업 관계로 동지적 결합을 이루면서도 독립적으로 사업을 경영하며 연합하는 전략이다. '따로 또 같이' 성장을 지향하는 것이다.

소프트뱅크는 1,000억 달러약 114조 원 규모의 비전펀드를 통해 수많은 기업에 투자도 하고 있다. 대표적 투자기업으로 야후 재팬, 알리바바, 우버Uber, 엔비디아Nvidia, 위워크WeWork, 인도의 플립카트Flipkart, 우리나라의 쿠팡이 있다.

손정의는 "30년 내에 소프트뱅크 그룹에 소속된 회사를 5,000개로 늘리고 싶다"고 고백하기도 했다.[28] 인공지능 감성로봇 페퍼도 출시하여 많은 산업에서 활용하고 있다. 페퍼는 고령자들에게 가벼운 운동을 시키거나 치매 치료에 나서기도 한다. 식당에서는 주문을 받고, 집에서는 간병인 역할을 하기도 한다.

2018년 7월 소프트뱅크 월드 2018 행사에서 기조연설을 한 손정의는 "2061년이 되면 모든 직업이 인공지능으로 대체된다"고 주장해 모두를 놀라게 했다. 과연 그의 예측이 실현될까? 실현된다면 우리가 할 일은 무엇일까?

뜻을 높이 세우고 30년 비전을 넘어 300년 앞을 내다보며 4차 산업혁명 시대를 앞서서 헤쳐나가고 있는 손정의. 그는 미래에 어떤 인물로 평가받기를 원할까? 그는 스스로 "누군가 손정의가 무엇을 발명했는지 물으면 이렇게 대답하겠습니다. 칩도 아니고 소프트웨어도 아니고 하드웨어도 아닙니다. 300년 동안 존속할 조직 구조를 발명했습니다"라고 말했다고 한다.[29]

여러 세대 경영자를 훌쩍 뛰어넘는 세월, 300년을 지속할 기업을 세우는 일은 결코 쉬운 것이 아니다. 비전과 목표가 다음 세대로 이어지는 지속성, 여러 기업들과 연합하여 성장하는 다양성, 유연성과 협업성, 이루 말할 수 없을 만큼 많은 인재들의 열정과 헌신, 불확실하고 변화무쌍한 시대에 적응하며 성장하는 적응력이 뒷받침되어야 하지 않을까?

이를 엮어내는 비전, 다양성과 추진력, 이것이 바로 손정의가 펼치고 있는 힘이다.

엘론 머스크
"지구를 떠나 화성에 가서 살자"

"나는 어렸을 때부터 달을 사랑했다. 꿈을 이루게 해준 스페이스X에 감사한다."

2018년 9월 17일 미국 캘리포니아 호손에 위치한 스페이스X 본사에서 최초의 달나라 관광객이 될 일본인 억만장자이자 온라인 패션 쇼핑몰 조조타운 창업자 마에자와 유사쿠前澤友作, Maezawa Yusaku는 이렇게 말했다. 이날 마에자와는 엘론 머스크Elon Musk가 만든 우주항공 회사인 스페이스X의 우주왕복선을 타고 갈 2023년 달나라 관광을 계약했다. 마에자와와 그가 초청할 예술인들은 4~5일간 달나라를 여행할 계획이다.

달나라 여행 상품의 첫 번째 고객을 구하고 인간의 우주여행 물꼬를 트고 있는 사나이, 엘론 머스크. 그는 "지구를 구하자! 화성에 가서 살자!"고 외친다. 단지 말뿐이 아니다. "죽을 위험이 크더라도 직접 화성에 갈 확률이 70%다"라고 인터넷 매체 악시오스Axios와의 인터뷰에서 주장했다.[30]

스페이스X는 팰콘9 로켓 추진체를 재사용하고 있다. 1조 원 정도 투자가 필요한 로켓 추진체는 이제까지 한 번 사용한 후 폐기되는 물건이었다. 머스크는 이를 재사용하겠다는 목표로 스페이스X를 창업했다. 한 번 쏘아올리고 재사용에 성공한 팰콘 로켓 추진체는 100번 정도 재사용이 가능하다고 머스크는 주장하며, 팰콘9 로켓은 벌써 열한 번이나 재사용하는 쾌거를 이루었다. 모두가 버리는 물건이라 생각하던 것을 재사용하겠다는 창의성, 야심찬 도전과 실행은 본받을 만하다.

머스크는 전기차로 시작해서 태양광 에너지 회사 솔라시티Solar City, 우주선을 개발하는 스페이스X, AI 연구소인 OpenAI, 총알처럼 빠른 기차인 하이퍼루프Hyperloop 등으로 사업 영역을 넓히고 있다.

"모델 3 예약 주문을 받습니다. 1,000달러를 내고 예약하세요"라며 최저 35,000달러약 3,900만 원 에 달하는 테슬라Tesla의 보급형 전기차 모델 3가 2016년 3월 31일 밤 예약 판매를 시작했다. 모델 3는 지금까지 전 세계에서 40여만 대가 예약되었다. 한국에서도 적잖은 사람들이 1인당 1,000달러의 예치금을 걸었다. 한 번 충전으로 350km를 거뜬히 달린다.

2017년 7월 처음으로 모델 3를 배송한 이래 주당 5,000대를 생산할 수 있다고 발표했지만, 실제로는 2018년 1분기 9,285대에 그쳤다. 로봇으로 무장한 최신 공장이 양산 과정에서 심각한 문제에 직면했다. 결국 머스크는 미국 CBS뉴스와의 인터뷰에서 "지난 몇 달은 믿을 수 없을 정도로 고통스러운 시간이었다"고 토로했다.[31] 그러면서 "로봇 시스템이 걸핏하면 말썽을 일으켜 생산에 막대한 차질을 빚었다. 테슬라의 과도한 자동화는 실수였다. 정확하게 말해서 나의 실수다. 인간을 과소평가했다"고 고백했다. 다행히 2018년 7월부터 주당 5,000대를 생산하고 있으며 주당 6,000대 생산을 계획하고 있다. 전기차로 자동차 산업을 송두리째 바꿔가는 그의 행진은 오늘도 진행 중이다.

그는 현재 전기차용 배터리를 생산하는 기가팩토리Gigafactory를 미국에서 운영 중이고, 중국 상하이에 건설 중이다. 유럽 공장도 계획하고 있다. 머스크가 자동차 사업에 뛰어들기 전 전기자동차 대중화는 먼 이야기처럼 들렸다. 자동차 전문가들도 거의 부정적이었다. 전기자동차보다는 석유 기반 연료차가 지속될 것이라고 확신했다. 그러나 그의 집념은 누구도 꺾을 수 없었다. 이제는 모든 자동차 회사가 전기차를 개발하고 있거나 이미 출시했다. 현대차 그룹은 현대 아이오닉과 코나, 기아 쏘울과 니로 4종을 판매하고 있다. 영국, 프랑스, 인도, 스웨덴, 네덜란드, 노르웨이 등 여러 국가들도 휘발유 자동차 생산을 포기하고 깨끗한 자동차로 대체할 것이라고 발표했다. 프랑스와 영국은 2040년부터 휘발유나 디젤 자동차 판매를 전면 금지할 계획이다. 네덜란드와 노르웨이는 2025년, 인도는 2030년부터 전기 기반 자동차만 판매하는 것을 추진 중이다. 깨끗한 환경을 위한 머스크의 집념이 승리하고 있는 것이다.

머스크는 테슬라가 가지고 있던 전기차 특허를 일반에 공개했다. 그는 누구든 원하면 테슬라 전기차 특허를 활용하여 개발에 필요한 기술을 사용하고 전기차 개발에 함께 힘을 합치자고 말했다. 테슬라의 전기차가 글로벌 생태계를 이끌어가려는 구상을 가진 것이다.

머스크는 늘 새로운 뉴스를 몰고 다닌다. 그는 남아프카공화국에서 태어나 미국 스탠퍼드대학교에서 물리학을 공부하다가 사업에 뛰어들었다. 스티브 잡스 이후 최고 혁신가로 꼽히는 그는 영화 〈아이언맨〉의 실제 모델로도 불린다. 그는 큰 그림을 그리고 있다. 새로 준비한 깨끗한 종이 위에 자신만의 새로운 그림을 그리고 있다.

머스크는 1995년 동생과 인터넷 지역정보 제공 소프트웨어 회사인 Zip2를 창업했는데, 이 회사가 피인수되면서 거액을 손에 쥐었다. 그 후 온라인 금융서비스 회사인 X.com을 세워 페이팔Paypal과 합병한 후 이베이eBay가 이 회사를 인수하면서 또 한 번 큰 돈을 거머쥐게 되었다. 이후 그 자본을 바탕으로 기발한 아이디어로 사업을 추진하면서 열정적으로 세상을 바꾸는 큰 그림을 그리고 있다. 석유 기반 에너지가 매연을 내뿜어 지구온난화를 악화시키고 있다며 전기차를 생산하여 깨끗한 지구를 만들겠다는 신념을 가진 그는 결국 2003년 테슬라자동차에 동참하여 투자를 받은 후 최고경영자가 되었다. 아울러 주택에 태양광 패널을 설치하여 전기를 생산해 집에서도 사용하고 전기차도 충전하겠다며 2016년 솔라시티를 설립하고, 우주 발사 비용을 현격히 줄여 '진정한 우주를 여행하는 문명'을 꿈꾸며 2002년 민간 우주항공 기업 스페이스X를 창업했다. 또한 친절한 인공지능 연구를 위해 OpenAI 연구소를 설립하고, 뇌신경기술을 활용하여 인간의 두뇌를 연구·개발하는 뉴럴링크Neuralink도 세웠다.

산업혁명 이래 열차는 화물은 물론 여객 수송에 있어서도 사람의 혈관과 같은 역할을 해왔다. 열차의 속도는 지속적으로 개선되어 국내에서는 KTX, SRT가 달리고 있고, 국외에서는 상하이공항의 자기부상 열차, 유럽의 유로스타, 일본의 신간센 등이 운행되고 있다. 이들은 모두 시속 200~300km로 달린다. 이 사업에 뛰어들어 머스크가 개발하고 있는 하이퍼루프는 LA에서 샌프란시스코까지 560km 거리를 27분 만에 달릴 수 있다. 최고 시속 약 1,220km로 서울에서 부산까지 450km를 22분에 주파 가능하다.

머스크는 하이퍼루프를 달리게 하거나 도시 교통체증을 해결하고자 지하 터널, 즉 땅굴 파는 회사 더 보링 컴퍼니The Boring Company도 2016년 설립했다. 2018년 8월부터 LA에 지하 터널을 구축하여 전기자동차가 시속 190~240km로 달리게 하는 프로젝트를 진행하고 있다. 할리우드에서 다저스 스타디움까지 10km 정도의 거리를 4분 만에 달려 야구 게임당 1,400명의 관람객을 단돈 1달러로 수송하겠다는 계획이다.[32]

머스크는 지구를 떠나 화성으로 이주해서 살기 위해 2022년에 화물을 운송하고 2024년에는 사람을 화성에 보낼 계획이라고 발표했다.[33] 화성을 탐사하고 식민지로 만들어 이주해 살자고 하고 있다. 그러면서 "인간에 의해 멸망할 지구를 떠나라", "화성에 가서 살자"와 같이 꿈같은 이야기를 하고 있다. 그는 화성 시범 비행을 2019년이면 할 수 있다고 자신한다. 그의 꿈은 차곡차곡 실현되고 있다.

화성 우주여행 왕복 티켓은 얼마나 될까? 머스크는 자신한다. "5억원 정도 들 것이다. 종국에는 1억 원까지 내려갈 수 있다. 선진국에 사는 웬만한 사람은 집을 팔고 화성으로 이주할 수 있는 비용이다."[34]

스티브 잡스 이후 그의 뒤를 이을 혁신의 괴짜, 엘론 머스크. 그의 상상은 현실이 되고 있다. 민간 우주여행, 총알 열차, 재사용 로켓 추진체, 전기차, 태양광 에너지 사업 등 그의 혁신은 오늘도 계속되고 있다. 다음 혁신 작품은 무엇이 될지 벌써부터 기대를 불러 모으고 있다. 지구를 넘어 우주에서까지 벌어지고 있는 제프 베조스와 엘론 머스크의 치열한 경쟁은 보는 이의 재미를 한층 더하고 있다. 괴짜들의 향연이 주목받고 있는 이유다.

5장

호모 커넥서스가
되기 위한 역량

크게 보고
멀리 보는 통찰력

큰 그림은 방향을 정하는 것이다. 다른 말로 하면 왜 사업을 하는지, 나는 또 우리는 어느 방향으로 갈 것인지 등의 비전을 만드는 것이다. 큰 그림을 그리는 사람은 새로운 기술이 나타나고 새로운 사업이 싹 틀 때부터 세상이 어디로 향하고 있는지 살피면서 미래 세상을 예측하며, 무엇을 하려고 꿈을 꾸는지 내면의 목소리에 귀 기울인다. 피터 드러커가 말했듯이 "미래를 예측하는 가장 좋은 방법은 미래를 창출하는 것"이다. 이와 마찬가지로 남이 가지 않은 길을 갈 수 있는 최고의 방법은 내가 길을 만들고 시작하는 것이다. 호모 커넥서스에게 꼭 필요한 역량이 바로 이것이다.

마윈은 "천하에 어려운 장사가 없게 하라"는 비전을 갖고 창업했다. 친구들에게 창업에 대해 이야기했더니 다들 손사래를 쳤다. 단 한 명의 친구가 손을 들어 그와 손을 잡았다. "기술도 없고, 돈도 없고, 계획도 없었다"고[1] 고백했듯이 그는 아무것도 없이 창업했다. 장애물이든 도전이든 힘차게 대응하며 한 발 한 발 내딛고 견뎌내고 이겨냈다. 물과 같이 막히면 돌아가고, 벽이 높으면 물이 고일 때까지 기다리다 넘치면 넘어갔다. 그 결과, 이제는 알리바바가 펴놓은 멍석에서 온 세계가 뛰어놀고 즐긴다.

그렇다. 돈이 없어도 성공할 수 있다. 돈만이 성공의 유일한 목적은 아니다. 돈이 있으면 편리하다. 그러나 돈을 쫓다보면 돈이 달아난다. 돈은 돌고 돌기 때문이다. 돈이 없으면 사업을 하기도 쉽지 않다. 임금을 제대로 주지 못할 수도 있다. 하지만 돈이 목적인 창업자들은 오래 버티지 못하고 주저앉아 버렸다. 수없이 많다. 팀 오라일리는 이것을 다음과 같이 멋지게 표현했다.

"돈은 차에 주유한 휘발유와 같다. 깜빡하고 신경 쓰지 않으면 도로에 멈춰 서게 된다. 하지만 성공한 사업이나 잘 사는 삶이 주유소를 여행하는 것은 아니다."[2]

물론 돈이 없으면 사업이 주저앉게 된다. 휘발유가 없으면 차가 가다가 멈춰 서듯이. 실제로 내 친구가 렌터카 회사에서 벤츠를 빌려 타고 가다가 고속도로에서 갑자기 멈춰 선 일이 있었다. 렌터카 회사에서 정비사가 나와 열심히 차를 점검하더니 "휘발유가 떨어졌네요!"라고 했단다. 우리 모두가 한심하다고 웃었다. 돈은 사업에 중요한 요소다. 하지만 마윈과 같이 돈이 없어도 성공할 수 있다. 그러나 비전이 없으면 어디로 갈지 몰라 방황하다가 쓰러지고 만다.

비전을 가진 창업자는 뜻을 이룰 때까지 우직하게 걸어간다. 성공할 때까지 계속 걸어간다. 성공할 때까지 계속한다면 실패하지 않는다. 결국 살아남는다.

세계 최고 부자로 아마존닷컴을 창립한 제프 베조스는 1997년 첫 주주들에게 보내는 편지에서 다음과 같이 확실하고 희망차게 주장한다.

"금융시장이 원하는 단기적 이익보다 장기적 시장 리더십에 초점을 맞추어 투자하고 의사결정을 하겠다. 이것이 옳은 투자 철학이라고 강하게 주장하진 않지만, 이것이 우리 전략이다."

그러면서 "이 전략에 위험이 없는 건 아니다. 다만 진지한 투자와 빈틈없는 실행이 요구되는 것이다"라고 말을 잇고 궁극적으로 "성공에 대한 기본적인 측정은 장기적으로 우리가 만들어가는 주주 가치라고 믿는다"고 선언한다. 이제 창업한 지 1년밖에 안 됐지만, 첫날의 생각을 꿋꿋하게 견지한 채 장기적 안목으로 전략을 정립하고 빈틈없이 실행하여 주주들에게 장기적으로 가치를 제공하겠다고 단언한 것이다. 20여 년이 지난 지금도 'Day 1'을 잊지 않고 달려가고 있는 아마존. "우리의 사업에는 한계가 없다"고, 아직도 인터넷 사업은 'Day 1'이어서 갈 길이 멀다고 힘차게 말하는 제프 베조스. 아마존은 인터넷 세상에서 미래를 보고, 아직도 갈 길이 멀고 사업에 한계가 없다고 생각하면서 열심히 달린다. 아마존은 과연 어떤 미래를 만들어갈까?

구글의 래리 페이지와 세르게이 브린은 '세상을 더 나은 곳으로 만들 수 있다'는 생각으로 검색 엔진을 개발했다. 세계 각지의 도서관에 있는 책과 박물관에 있는 소장품들을 디지털로 변환해서 공유하고 있다. 세상의 모든 정보를 개방하고 공유하겠다는 의지다. 그 결과 "구글에게 물어봐!"라는 세상을 만들고 있다.

마크 저커버그Mark Elliot Zuckerberg가 꿈꾸던 페이스북의 미션은 "사람들에게 공동체를 건설하고 세상을 더 가깝게 할 수 있는 힘을 주는 것To give people the power to build community and bring the world closer together"이다.[3] 이 말에는 세상을 변화시키겠다는 원대한 꿈이 담겨 있다.

차량호출 서비스를 제공하는 우버의 창립자 트라비스 칼라닉Travis Kalanick의 비전은 "더 적은 차량들과 더 많은 접근성을 가진 더 스마트한 교통 시스템Smarter transportation with fewer cars and greater access"이다.[4] 미션은 "우리는 세계를 움직이게 하여 기회에 불을 붙인다We ignite opportunity by setting the world in motion"[5]로서 차량을 이용한 다양한 사업기회를 찾기 위해 노력하고 있다.

과연 나의 비전은, 내 기업의 비전은 무엇인가? 어떤 미션을 가지고 있는가? 어디로 향하는가? 왜 사업을 하는가? 비전이나 미션은 폭풍우 속에서 나를 일으키고 목적지를 향해 한 발 한 발 전진하게 하는 나침반이 된다.

빠른 추격자로 달리다 앞을 보니 아무도 없다. 갑자기 추격할 기업이나 경쟁자가 없어진 우리나라 굴지의 글로벌 기업들이 어디로 가야 할지, 어떻게 앞으로 나가야 할지 머뭇거리고 있다. 계속 백미러를 보면서 누가 따라오나 살피기 바쁘다. 우리 사업부가 제대로 일하고 있나, 직원들이 올바로 일하고 있나, 관리가 잘되고 있나, 연신 뒤를 돌아보고 있다. 뒤에 따라오는 경쟁자들을 보고 익숙한 일들이 잘되고 있는지 백미러 보는 것에 익숙해져 있다.

"내가 보고 싶은 것은 백미러에 비치는 경치가 아니다"라고 손정의는 말했다. 그렇다. 백미러에 비치는 경치는 필요 없다. 뒤를 돌아볼 이유도 없고 익숙한 것에 머물러 있을 이유도 없다. 과거에 집착하여 전진하지 못하면 도태한다. 과거의 성공에 사로잡혀 세상이 변화하고 있음을 보지 못하고 안주하면 서서히 죽어가게 된다. 앞을 보고 방향을 정하여 전진해야 한다. 바위가 떨어져 있지 않은지, 갑자기 비가 와서 조심 운전을 해야 하는지, 해가 져서 밤이 짙어지는지, 앞을 봐야 하는 시대다. 벤치마킹할 이유가 없다. 벤치마킹할 회사나 개인도 없다. 지도에 없는 길을 만들어가면 내가 가는 길이 새로운 길이 된다.

그렇다면 얼마나 크게 보고 멀리 보아야 할까? 100년 장수 기업은 시작부터 100년 그림을 그렸을까? 보통 일본의 경영자들은 30년 이상 큰 그림을 그리는 것으로 유명하다. 파나소닉Panasonic의 창업자이자 경영의 신으로 불리는 마쓰시타 고노스케는 250년의 그림을 그렸다. 창업한 지 14년 후 1932년 5월 5일 유명한 수도水道철학으로 새로운 창업을 알렸다.

"생산합시다. 생산하고 또 생산해서 물자를 무진장으로 만듭시다. 무진장으로 만들어서 가난 없는 낙원을 만듭시다. 그것이 마쓰시타전기의 사명입니다. 이 사명, 다시 말해서 모든 물자를 수돗물처럼 무진장으로 제공하겠다는 사명을 달성하기 위해서는, 제 생각으로는 250년이 필요할 듯합니다. 마쓰시타전기는 250년을 10개의 분기로 나누고, 처음 25년을 다시 3기로 나눠서 제1기인 10년을 건설시대, 다음 10년을 활동시대, 마지막 5년을 세상에 대한 공헌시대로 삼도록 하겠습니다. … 잊지 마십시오. 바로 지금, 여기서 인류를 구제하기 위한 사업이 시작되었다는 사실을."[6]

이 얼마나 멋진 말인가. 250년이란 큰 그림을 그리고, 그것을 25년 주기로 나누고, 다시 그것을 3등분하여 구체적인 목표를 정하는 모습이 경외스럽다. "인류를 구제하자"는, 모든 물자를 수돗물처럼 무진장으로 제공하여 인류를 구제하자는 비전, 필요한 시간은 250년. 이 비전을 품고 나아가면 어떤 모진 풍파에도 살아남을 수 있지 않을까? 꿈은 생각한 대로 이루어진다.

교세라Kyocera의 이나모리 가즈오 회장이 교토 시 나카교 구에서 창업할 때의 일화다. 월세 사옥에 열 명 남짓한 직원들이 있는 영세 기업일 때, 이나모리는 "나카교 구에서 최고가 됩시다. 교토에서 최고가 됩시다. 일본에서 최고가 됩시다. 세계에서 최고가 됩시다"라고 직원들에게 반복해서 말했다고 한다. 지금은 작은 기업이지만 일본 최고가 되고, 세계 최고가 되자고 큰 방향을 정하고 모든 직원과 공유했다. 자신의 큰 그림이 직원들에게도 큰 그림이 되도록 반복해서 말해 자신의 비전이 그들의 비전이 되도록 했다.

삼성을 창업한 이병철 회장은 "100년을 내다보며 사람을 심는다"는 중국 관자의 명언을 늘 가슴에 새기며 인재를 확보하고 키웠다. 100년을 내다보는 사업에서 유능한 인재를 확보하는 것이 경영에서 가장 신경 써야 할 점임을 몸소 실천하던 그의 신념이 오늘의 삼성그룹을 만들었으리라는 것은 명약관화하다.

알리바바 마윈 회장 또한 102년 존속 기업이 목표다. 재미있는 것은 마윈, 마쓰시타, 손정의와 같은 동양의 창업자들은 102년, 250년, 300년과 같이 멀리 보고 크게 보면서 연수를 목표로 삼은 반면 제프 베조스나 엘론 머스크는 꿈이나 이상이 매우 커서 지구를 넘어 우주를 상대했다는 것이다. 2018년 11월, 제프 베조스는 직원들과의 회의에서 "아마존도 망할 수 있다"며 "고객에게 집착하자"고 주문했다. 고객을 생각하지 않고 회사 자체에 초점을 맞추면 망해가는 조짐이라며 아마존도 언젠가는 망할 것이고, 대기업이 30년 이상 버티기가 쉽지 않다며 직원들을 독려했다.

이러한 경향은 동양과 서양 문화의 차이일까, 아니면 경영의 차이일까? 철학의 차이일까, 아니면 생각의 차이일까? 좀 더 연구해봄직한 주제다.

국내에도 장수하는 기업들이 있다. 이름이 잘 알려진 기업도 있고, 예상외의 기업도 눈에 띈다. [표 2]에 국내 장수 기업들을 일부 정리했다. 100년 이상 장수하는 우리 기업들은 현재 7개인데, 바로 두산, 신한은행, 동화약품, 한국전력공사, 우리은행, 안성주물, 성창기업이다. 창업부터 지금껏 같은 상호를 유지하는 기업도 있고, 중간에 인수합병으로 새로운 이름을 사용하는 곳도 있다. 자랑스러운 기업들이다. 특히 가마솥 명가 안성주물이 100년 넘게 쇳물을 녹여내는 장인 정신으로 대를 이어가는 모습에 경의를 표한다.

우리나라는 기업의 역사가 짧지만 300년 앞을 내다보며 비전을 갖고 사업 전략을 구상하고 있는 기업은 몇이나 될까? 전 세계에 당당하게 100년 이상 존속하는 우리나라 기업이 점점 늘어나기를 기대한다.

[표 2] 국내 장수 기업들(2019년 5월 기준)

상호	설립연도	장수 기간(년)
두산	1896	122
신한은행	1897	122
동화약품	1897	121
한국전력공사	1898	121
우리은행	1899	120
안성주물	1912	107
성창기업	1916	102
경방	1919	99
전북고속	1920	99
삼양사	1924	94
하이트진로	1924	94
유한양행	1926	92
풍국면	1933	86
삼성	1938	81
대림산업	1939	79
한국타이어	1941	77
기아자동차	1944	74
샘표식품	1946	72
LG	1947	72
현대건설	1947	71

[출처: 각 회사 홈페이지 참조]

새로운 그림을 그리는
사업 능력

4차 산업혁명 시대는 불확실성의 시대이면서 초연결 시대다. 급진적인 기술의 발전으로 산업 간 경계가 허물어져 언제 어디서든 새로운 경쟁자가 느닷없이 나타날 수 있다. 4차 산업혁명 시대에는 새로운 비즈니스 모델이 쉽게 만들어지고 사업으로 모습을 드러낸다. 거대 기업은 작고 빠른 기업에 당하기 십상이다. 음악산업에서 애플 아이튠즈가 그랬다. 구글은 검색 엔진으로 새로운 시장을 만들어냈다. 페이스북은 15년 전에는 존재하지도 않았다. 미디어산업에서는 넷플릭스가 디즈니, 컴캐스트, HBO 등을 위협하고 있다. 아마존이 토이저러스를 파산시키고, 월마트를 위협하고 있다. 거의 20년 된 회사가 오랜 역사를 자랑하는 거대 기업을 송두리째 뒤흔들고 있다. 익숙한 것에 안주하고 즐기는 사이 경쟁자가 내 멍석을 치워버린다. 그렇게 한 번 치워진 멍석은 다시 돌아오지 않는다.

새로운 기회, 새로운 그림을 그려라

최재천 교수는 플라톤 아카데미의 '생명, 그 아름다움에 대하여'라는 강연에서 다음과 같이 재미있는 일화를 언급했다. "민벌레 연구를 시작하고 보니, 아무도 하지 않아 갑자기 세계 1위가 되더라"고.[7] 아무도 하지 않는 연구를 하고, 아무도 가지 않는 길을 가면 그 즉시 바로 세계 최고가 될 수 있다는 조언이다.

새로운 시대가 오고 있다. 이런 시대에는 새로운 미래, 새로운 기회가 보인다. 변화에서 기회를 찾는 통찰력이 필요하다.

엘론 머스크는 흰 종이 위에 새로운 그림을 그리는 데 탁월한 재주가 있다. 상식을 뛰어넘고, 기발한 아이디어를 구현한다. 자동차를 한 대도 만들어보지 않았던 머스크는 지구를 깨끗이 하겠다고 전기차와 태양광 에너지 사업을 시작했다. 휘발유 자동차에 안주하는 자동차 회사들에 멋진 한 방을 날린 것이다. 천문학적 거금을 투자하지만 한 번 쓰고 나면 버려지던 우주로켓도 재사용한다. 지구를 떠나 화성에 살자고 민간 항공회사도 설립하고, 친절한 인공지능이 필요하다고 OpenAI 연구소를 세우고, 우리 두뇌를 연구 개발하는 뉴럴링크라는 회사도 창립했다. 하이퍼루프라는 총알 열차를 개발하고, LA에서 샌프란시스코를 27분에 주파하는 꿈을 실현하고 있다. 죽음을 각오하고 스스로 화성에 가서 살 수도 있다고 말하고 있다. 새로운 큰 그림에 주저하지 않는 머스크. 다음에는 어떤 그림을 그릴까 벌써부터 기대가 된다.

제프 베조스는 금융회사에서 잘나가던 인재였다. 인터넷에서 어마어마한 기회를 보고는 익숙한 금융회사를 과감히 박차고 나왔다. 열정적인 제프의 모습에 아내도 창업에 동의했다. 동부에서 새로운 지역, 서부 시애틀로 향하는 차에서 그는 아내에게 새로운 그림에 대해 이야기했다. 결국 열정과 희망과 설렘으로 새로운 지도를 그려갈 계획을 지니고 익숙한 곳을 떠나 낯선 땅, 불확실한 곳에 자신을 내던진 베조스 부부는 새로운 기회를 잡았고, 새로운 미래를 그렸다.

베조스는 아직도 "첫날Day 1을 기억하라!"고 외친다. 2018년 9월 13일 그는 20억 달러약 2조 2,344억 원의 기금을 기부하여 만든 자선펀드를 'The Bezos Day 1 Fund'로 명명했다.[8] 노숙자 가정을 지원하는 'Day 1 패밀리 펀드'와 저소득층 아이들의 교육을 지원하는 'Day 1 아카데미 펀드'에 각각 10억 달러씩 기부할 예정이다. 이 얼마나 멋진 일인가. 왜 Day 2가 아니고 Day 1일까? "데이 2는 정체입니다. 무관無關해집니다. 그다음으로는 극심하게 고통스러운 쇠퇴가 뒤따릅니다. 죽음이 그 뒤를 잇게 되죠. 그래서 언제나 Day 1입니다"라고 그는 2016년 주주에게 보내는 서한에서 말했다. 이것을 기념하는 작은 명패가 시애틀에 있는 아마존닷컴 Day 1 빌딩 로비 벽에 [그림 15]와 같이 걸려 있다. 명패에는 베조스가 쓴 글이 이렇게 적혀 있다.

"아직 발명되지 않은 것들이 너무나 많다. 앞으로 일어날 새로운 일들이 너무 많다. 사람들은 인터넷이 얼마나 영향을 미칠지 아직 전혀 모르고 있으며, 큰 영향 앞에서 오늘은 여전히 첫날이다."

[그림 15] 아마존 Day 1 빌딩 로비에 걸려 있는 명패

[출처: 저자 촬영]

철저하고 치밀한 실행력

회사를 다니던 시절 필자가 자주 했던 말이다.

"2% 부족하네. 더 노력해보게!"

우리는 꼼꼼하거나 정교한 부분에 약하다. 2% 부족한 경우가 많다. '웬만하면 돼', '괜찮아', '중간만 하면 돼'라는 문화 때문이다. 대

강 해도 괜찮고, 2% 부족해도 괜찮다는 습관이다. 천호식품 창업자인 김영식 회장은 그의 저서 《10미터만 더 뛰어봐!》에서 이렇게 말했다. "100미터 뛰는 사람에게 200미터 뛰라고 하면 포기할 수 있다. 그러나 10미터만 더 뛰라고 하면, 누구든지 뛸 수 있지 않겠느냐"고. 그렇다. 스스로 괜찮다고 생각할 때 10미터, 10%만 더 뛰면 더 잘할 수 있다. 그럼에도 불구하고 우리는 '괜찮아' 하며 포기하는 경우가 너무 많다.

아무리 큰 비전과 전략이 있더라도 제대로 실행하지 않으면 아무 쓸모가 없다. 비전과 꿈을 실현하는 것은 현실이다. 실행이다. 모든 일은 작은 것에서부터 시작된다. 작은 일에 충실해야 한다. 그래서 디테일이 중요하다.

독일 출신의 20세기 대표 건축가 루드비히 미스 반데어 로에Ludwig Mies van der Rohe는 "신은 디테일에 있다God is in the details"고 말했다. 전 세계 최대의 호텔 체인인 메리어트호텔의 빌 메리어트 회장 또한 "성공은 언제나 디테일에 있다Success is always in the details"고 말했다. 건축물이나 호텔 서비스는 사람들이 항상 접하는 만큼 친숙하다. 이처럼 가까이에서 사람들에게 만족감을 주기 위해 노력하는 건축가, 호텔 운영자가 디테일을 강조한 것을 보면 얼마나 디테일이 중요한가를 알 수 있다.

미국산 자동차를 '레몬카'라고 놀려대던 시절이 있었다. 겉만 번지르르하지 실상은 품질이 별로인 자동차를 두고 하는 말이었다. 1992년 미국인들의 마음을 사로잡은 TV 광고가 있었다. 미국에 새로 출시한 일본 토요타자동차의 럭셔리 모델인 렉서스Lexus ES 300 자동차가 얼마나 정밀하고 완벽한가를 강조한 광고였다. 베어링 볼이 너무나 부드럽게 굴러가는 모습을 보여주는 이 30초짜리 광고는 미국 자동차는 비교 대상도 못 된다는 듯 디테일의 힘을 보여주었다.

실행은 정교해야 한다. 대충 실행하면 오점투성이가 되기 십상이다. 톱니가 정확히 맞지 않는 기계는 제대로 돌아가지 않는다. 여기저기서 잡음이 난다. 톱니는 정교해야 한다. 그래야 기계가 올바로 작동하고, 오래 견딘다. 신은 디테일 속에 있다. 디테일에 충실하면 성공할 수 있다.

등산을 하다 보면 다리를 다쳐 절룩거리면서 내려오는 사람들을 자주 볼 수 있다. 그들은 큰 바위에 다친 것이 아니다. 봄철에는 낙엽더미 아래 아직 녹지 않은 얼음에 미끄러져 다친다. 부주의로 인해 자그마한 나무 뿌리에 다치는 경우도 많다. 그래서 등산은 쉬우면서도 어려운 것이다. 큰 것은 잘 보이기에 피할 수 있지만, 낙엽 밑이나 작은 나무뿌리는 주의하지 않으면 낭패를 보기 십상이다. 등산도 작은 것에 집중하고, 한 걸음 한 걸음 조심해야 안전하게 마칠 수 있다.

경영도 등산과 같다. 삶도 등산과 같다. 아무리 높은 산도 처음에는 쉽다. 그러나 점점 올라갈수록 어렵고 힘들고 위험이 도사리고 있다. 그래도 한 걸음씩 나아가는 길 외에는 방법이 없다. 아무리 복잡하고 어려운 일이라도 할 수 있는 간단하고 쉬운 것부터 하나하나 풀어나가야 한다. 그렇게 한 발 한 발 가다 보면 어느새 산 정상에서 멋진 풍광이 눈앞에 펼쳐진다.

최재천 교수가 국립생태원 원장으로 취임하면서 많은 경영자에게 도움을 요청했다. 그중에 특별한 조언이 있었다. "리더가 큰 그림을 보는 건 당연한 일이지만 전체를 보느라 부분을 챙기지 않으면 조직이 어디로 굴러가는지 미처 모르고 있다가 낭패를 볼 수 있다"는 것이었다. 이 말을 해준 사람이 바로 아모레퍼시픽 서경배 회장이었다.[9] 최고경영자의 경험이 배어 나온 진수라 할 수 있다. 큰 그림은 아름답지만, 디테일은 언제나 중요하다는 값진 조언이 아닐 수 없다. 디테일은 지루하고 머리 아프며, 잘해봐야 본전인 경우가 많다. 하지만 디테일이 떨어지면 실행할 때 그 잘못이 여실히 드러난다.

호모 커넥서스는 데이터로 검증하고 사실에 입각하여 일을 꼼꼼하고 세세하게 점검하며 추진하는 사람이다. 데이터를 이해하고 분석할 때 대충해서는 제대로 되지 않는다. 올바로 분석하거나 활용할 정보를 찾을 수 없다. 매우 꼼꼼하고 정확하게 데이터를 관리해야 한다. 정확하고 신뢰할 만한 데이터인가도 스스로에게 질문해야 한다. 정확하지 않은 쓰레기 데이터를 가지고 씨름해본들 시간 낭비일 뿐이다.

지도를 그릴 때는 제대로 알고 정확하게 해야 쓸모가 있다. 덤벙대지 말고 꼼꼼하고 정확하게 그려야 지도가 올바른 길로 인도하지 않겠는가. 꿈이 아무리 원대하더라도 작게 자르고, 단기 목표로 나누고, 한 걸음 한 걸음 나아가며 작은 성공이 모이도록 노력해야 한다. 천 리 길도 한 걸음부터다.

결국은 사람이다

기술도, 경영도, 매출도, 혁신도 사람이 한다. 경영은 사람 관리다. 회사가 지속적으로 생존하기 위해서는 매출과 이익이 필요하다. 그러나 사업은 숫자보다 신뢰를 얻는 것이 중요하다. 기업은 고객의 신뢰, 직원의 신뢰, 파트너의 신뢰를 얻어야 살아남는다. 결국 기업도 사람이다. 기업이 살아남기 위해서는 지속적으로 혁신을 해야 한다. 혁신도 사람부터 시작해야 한다. 직원들이 혁신 능력을 갖추어야 한다.

새로운 사업은 새로운 기술, 산업, 경제, 사회, 문화의 변화를 읽어 새로운 비전을 정하고 구체적으로 실현하는 것이다. 혁신적인 사업은 기존의 것을 더 좋게, 더 개선하는 것이 아니라 '새로운 것, 다른 것'을 추진하는 것이다. 일본이 자랑하는 카이젠改善이 아니라, 새롭지만 다른 것이다. 아마존닷컴은 처음에는 온라인 서점으로 시작했다. 한정된 공간에서 한정된 수량을 취급하는 서점에서 거의 무한정 서적을 공급하는 온라인 공간으로, 시공간을 넘어 새로운 서점으로 혁신했다. 고객에서 출발하는 아마존 경영 방식도 혁신이었다. 고객 중심 Customer-centered을 넘어선 고객 집착Customer obsession 또한 제품이나 서비스를 고객이 멋지게 경험하고 만족하도록 하기 위한 것이었다.

궁극적으로 매출이나 이익, 기업 존속도 모두 고객이 있어야 가능하다. 고객을 등한시하고, 내부에 집착할 때 기업은 서서히 망해간다. 한때 고객 입장에서 생각하고, 제품을 기획하고, 서비스하는 고객 중심 경영이 화두인 적이 있었다. 아마존이 고객에게 집착하자, 제프 베조스를 고객 집착증 환자라고 비웃기도 했다. 그렇다면 고객에게 집착하는 아마존은 무엇이, 어떻게 다른가? 아마존이 일하는 방식, 그중에서도 '거꾸로 일하기' 프로세스를 소개한 다음 글을 보자.

"아마존이 수행하는 모든 프로젝트는 고객에서 시작하는 '거꾸로 일하기' 프로세스를 통해 설계되었다. … 아마존은 완제품의 기능과 완제품이 필요한 까닭에 대해 보도자료를 뿌리는 일부터 시작한다. 그다음에는 '자주 묻는 질문frequently asked questions, FAQ'을 작성하고, 실제 제품과 비슷한 목업mock up과 고객 경험을 정의하는 여러 다른 방안을 세운다. 이때 제품 사용법을 담은 실제 사용설명서를 작성하기도 한다. 실제 제품에 대한 승인은 이런 모든 과정이 끝나야 떨어진다."[10]

지금 우리 경제는 불경기이지만 창업 열기는 뜨겁다. 여러 창업자에게 조언을 하면서 그들이 뿜어내는 열정에 필자도 마음이 뜨거워진다. 희망을 본다. 그러나 비전도 정립하지 않은 채 창업한 경우도 자주 보게 된다. 비전을 올바로 정하지 않으면 직원들을 한마음, 한 목표로 이끌 수 없다. 기술 발전이나 새로운 제품 개발은 비전이 아니다. 비전은 고객에서 출발하여 정한다. 비전은 바꾸고 싶은 것을 정리하고 정한다. 그다음으로 사명과 목적을 정의한다. 창업은 인재들과 함께 일어서는 것이다. 사람을 사람답게 존중하고 서로 기대어 일구는 것이다. 사람이 최고 자산이다. 결국은 사람이다.

창업이나 새로운 사업은 미래가 불확실하다. 같이 힘을 합쳐야 이겨낼 수 있다. 그들과 불확실한 것을 즐겨라. 그러면 새로운 기회, 새로운 미래가 보일 것이다.

위기危機는 위험危險과 기회機會가 모인 글자라고 한다. 위험은 '해로움이나 손실이 생길 우려가 있거나 그러한 상태'다. 기회는 '기대期待하던 그때, 일을 하기에 적당適當한 시기時期'다. 위기는 해로움이나 손실이 생길 수 있는 상황이지만, 그 일을 추진하기에 가장 적당한 시기다. 4차 산업혁명의 쓰나미가 밀려오는 위기의 시대, 위험한 시기이지만 기회를 동반하고 있다. 변화를 읽어 세상을 바꾸고 싶고 꿈꾸던 일이 있는가? 지금이다. 새로운 그림을 그려라. 그리고 기회를 잡아라.

핵심을 찌르는
질문력

마크 저커버그, 셰릴 샌드버그, 빌 게이츠, 세르게이 브린, 래리 페이지의 공통점은 무엇일까? 이들 모두 유대인이라는 것이다. 세계 최고의 부자 50명 중 10명(20%), 200명 중에는 38명(19%)이 유대인이다. 세계 금융계를 주름잡는 글로벌 경제 대통령으로 불리는 미국 FRB연방준비제도이사회 의장을 역임한 앨런 그린스펀Alan Greeespan과 벤 버냉키Ben Bernanke도 유대인이다.

세계 인구의 0.2%에 불과한 유대인이 노벨상 수상자의 20% 이상을 차지하고 있다는 사실은 잘 알려져 있다. 많은 노벨상을 수상한 그들이 금융계까지 장악하고 새로운 시대에 새로운 아이디어로 창업하여 성공하는 비결은 무엇일까? 어떤 이들은 말하기를, 국가도 없이 세상을 떠돌아다니며 유대인을 배척하는 분위기 속에서 할 수 있는 것이 장사뿐이었기 때문이라고 하기도 한다. 전 세계에 흩어져 있는 유대인들은 안식일에 멀리서 여행 온 유대인을 만나면 반갑게 맞이하며 가족같이 대하는 풍습이 있는데, 이 때문이라고 말하는 이들도 있다. 실제로 유대인들은 2개의 가족을 가지고 있다고 한다. 하나는 자기 가족이고, 다른 하나는 민족이라는 가족이다.[11] 그러나 필자는 유대인의 전통적인 가정교육 방식이 그 해답이라고 생각한다. 래리 페이지와 세르게이 브린은 둘 다 유대인으로, 쟁점들을 철저하게 토론하는 집안 분위기 속에서 성장했다.[12]

유대인의 가정교육은 전통 랍비식 교육인 하브루타Chavruta or Havruta의 연장선상에 있다. 하브루타는 2~5명이 하나의 소그룹으로 모여 탈무드를 교육하는 방식을 말한다. 랍비가 일방적으로 가르치는 것이 아니라 학생들이 탈무드를 배우고, 익히고, 질문하고, 토론하는 형식이다. 종교적 지도자이자 교육자인 랍비가 어린아이들을 가르치며 서로 질문과 토론을 잘하도록 이끌어주는 것이다. 집에서는 부모가 랍비를 대신하여 질문하고 토론을 이끈다. 유대인들은 어려서부터 다른 생각을 듣고 다름을 인정하며 자신의 생각을 정리하는 훈련을 하는 것이다. 이러한 습관이 몸에 배어 그들은 스스로 질문하고 고민하고 토론하는 것이 삶이 된다. 필자는 이런 교육이 어디서든 시대를 이끌어가고 남보다 앞서가는 기업가, 지도자로 만드는 힘이라고 생각한다.

우리는 어떤가? 초등학교 때부터 학원에 다니느라 바쁘다. 부모는 부모대로 바쁘다. 서로 얼굴을 마주 보고 이야기할 시간도 없다. 스마트폰으로 대화하는 가족도 있다. 초등교육 6년, 중고등 교육 6년은 대학 입시 준비로, 대학에 들어가면 취업 준비로 바쁘다. 언제 부모와 토론할 기회가 있겠는가.

EBS의 다큐프라임이라는 프로그램에서 '교육대기획, 시험'이라는 방송을 통해 서울대학교에서 A+ 학점을 받는 비결을 소개한 적이 있다.[13] A+ 성적을 받는 확실한 비법은, 교수의 강의를 토씨 하나 빼먹지 않고 적어서 그것을 달달 외워 시험 때 교수가 원하는 답을 적어 내는 이른바 '앵무새 되기'란다. 놀라지 않을 수 없다. 모든 대학 과정이 이렇지는 않겠지만 듣고 나니 씁쓸하다. 나만의 생각, 나만의 관점은 좋은 성적을 받는 데 전혀 쓸모가 없다. 공부를 하면 할수록 생각하는 능력이 상실되는 우리 교육 현실이 안타까울 뿐이다. 이제는 우리도 창의성을 발휘하도록 어려서부터 스스로 생각하고, 질문하고, 토론하고, 관습에 도전하는 교육을 해야만 한다. 상식을 뛰어넘는 새로운 그림, 새로운 지도를 그리는 인재로 성장하도록 격려하는 환경을 위해 우리 모두 힘써야 하지 않을까?

어린아이가 더듬더듬 말하기 시작하면서 끈질기게 묻는 말이 있다. '왜?'와 '이게 뭐야?'가 그것이다. 우리는 성장하면서 이 질문들을 잊어버린 지 오래다. 때로는 궁금하지만 체면 때문에 혹은 귀찮아서 질문을 하지 못한 경우도 있다. 질문이 힘이다. 질문이야말로 겸손한 마음으로 배우고 익히는 지름길이 아닐까? 새로운 것을 바라보는 시작이 아닐까?

질문은 호기심에서부터

"나는 내세울 만한 특기가 없다. 단지 열정적으로 호기심이 있을 뿐이다"라고 위대한 과학자 아인슈타인은 고백했다. 질문은 호기심에서 나온다.

2018년에 노벨 생리의학상을 수상한 일본 교토대학교의 혼조 다스쿠本庶佑 특별교수는 "연구는 무언가를 알고 싶어 하는 호기심이 없으면 안 된다"고 말했다.[14] 많은 사람에게 도움을 주는 연구에서 성공하기 위해서는 6C, 즉 호기심Curiosity, 용기Courage, 도전Challenge, 확신Confidence, 집중Concentration, 지속Continuation이라는 6개 덕목이 필요하다고 덧붙였다. 호기심은 연구에만 필요한 것이 아니다. 모든 배움의 시초가 된다. 질문도 호기심이 필요하다.

호기심은 '새롭고 신기한 것을 좋아하거나 모르는 것을 알고 싶어 하는 마음'을 말한다. 배우는 것, 읽는 것, 만지는 것, 보는 것, 듣는 것, 맡는 것 등 모든 것에 호기심을 가지고 물었던 시절이 있었다. 우리 모두 두세 살 무렵에는 질문을 참 많이도 했다. 말을 배우기 시작하면서 "왜?", "이게 뭐야?"라며 호기심이 발동하여 부모를 곤혹스럽게 하곤 했다.

사실 모든 인간은 호기심을 갖고 있다. 다만 성장하면서 호기심을 더 자극한 것이 아니라 내려놓는 연습을 한 것은 아닐까?

질문도 습관이다

호기심이 사라지니 질문이 없다. 손 들고 질문하지 않아 습관이 되었다. 질문하는 것 자체가 쑥스럽고, 괜스레 미안하다. 혹시 내 질문이 어리석거나 보잘것없지는 않을까 걱정하기도 한다. 하지만 "어리석은 질문은 없다. 단지 어리석은 대답만 있을 뿐이다"라고 미국 작가 마샬 로브Marshall Loeb는 말했다. 그러니 모르거나 궁금하거나 이해가 안 되면 손을 번쩍 들고 질문하라. 그러다 보면 거침없이 질문할 수 있을 것이다.

일본의 혼다자동차 설립자인 혼다 소이치로는 '거침없이 물어보는 성격'이 혼다자동차를 세계적인 기업으로 성공시킨 비결이라고 말했다.[15] 최종 학력이 초등학교 졸업이라는 것을 다들 알고 있으니 모르는 것이 당연하고 묻는 것이 이상할 것도 없다는 생각에 아무에게나 물을 수 있었다고 한다. 질문하면서 배웠다고 한다. 프랑스의 계몽사상가 볼테르는 "신중한 질문은 지혜의 절반을 차지한다"고 말했다.

중요한 것은 질문을 멈추지 않는 것이다. 삼성 이건희 회장도 다섯 번 "왜?"라고 묻곤 했다. 사물의 본질을 깨닫기 위해 질문의 중요성을 몸소 실천한 것이다.

그렇다면 언제까지 질문해야 할까? 모르는 것을 이해할 때까지 해야 한다. "잘 모르겠는데요. 좀 더 쉽게 설명해주실 수 있나요?", "왜 그런가요?", "왜죠?", "이 부분이 잘 이해가 안 되네요. 다시 한 번 설명해주시겠어요?"라고 의도적으로 계속해서 질문하라. 그리고 반복하라.

습관이 될 때까지.

아리스토텔레스는 말했다. "우리가 반복적으로 행하는 것이 우리 자신이다. 탁월함은 행동이 아니라 습관이다"라고. 반복적으로 질문 하여 습관으로 만들어야 한다. 결국 습관이 인생을 바꾼다. 고대 로마의 시인 오비디우스가 "습관보다 강한 것이 없다"며 "습관이 인격을 만든다"고 했듯이. 사람이 책을 만들고 책이 사람을 만들 듯, 내가 습관을 만들기 시작하지만 결국에는 습관이 나를 만든다. 호기심을 갖고, 배우고, 거침없이 질문하면 지혜가 쌓인다. 새로운 세상이 보인다. 기회가 보인다.

핵심을 찌르는 질문은 상대도 움직인다

1983년 스티브 잡스Steve Jobs는 당시 펩시콜라 CEO이자 마케팅의 귀재인 존 스컬리John Sculley를 애플로 영입하고자 설득하며 이렇게 질문한다.

"남은 평생 설탕물이나 팔기를 원하십니까? 아니면 나와 함께 세상을 바꾸시겠습니까?"

핵심을 찌르는 이 예리한 질문에 결국 스컬리는 1983년 4월에 펩시콜라를 그만두고 애플의 CEO로 부임한다. 이처럼 핵심을 찌르는 질문은 상대도 움직인다. 핵심을 찌르는 질문은 구체적이고 본질을 꿰뚫는다. 구체적이고 본질을 꿰뚫는 질문을 하기 위해서는 상대방의 생각과 내 생각을 잘 정리해야 한다. 또한 구체적으로 생각해야 본질을 알아낼 수 있다. 구체적인 질문은 상대방도 생각을 정리하도록 만들고 나도 성장하게 한다. 서로가 질문에서 배우고 성장할 수 있는 것이다.

미사여구도 필요 없다. 서론이 길고 핵심도 없이 두루뭉술한 설명만 나열하는 질문도 있는데, 간결하게 핵심을 질문해야 한다. 필요하면 간단한 배경 설명을 덧붙여도 좋다. 특히 대중이 모인 장소에서는 더욱 그렇다. 간결하게 질문하려면 발표를 들으면서 미리 두세 개의 질문을 만들자. 그리고 나서 내 생각을 정리하고 그중 가장 핵심적인 질문을 선택하면 좋다. 사람들이 궁금해하고 공감하는 질문이면 더 좋다. 방송 앵커들이 질문하듯이 말이다.

핵심을 찌르는 질문은 상대방에게 영감을 주기도 한다. 스티브 잡스의 질문처럼 말이다. 그러기 위해서는 나의 열정, 비전, 꿈 등을 구체적이고 절실한 마음으로 제시해야 한다. 내 생각을 이해하고 공감하도록. 엄마가 아이에게 질문하듯이. 그것은 상대방과 내가 일체화되어야 나오는 질문이다.

호모 커넥서스는 공감하고 배려하며 핵심을 꿰뚫는 질문으로 상대방을 움직인다. 그리고 소통하고 협업하며 하나의 목표를 향해 나아간다. 우리는 질문을 주고받으며 토론하기보다 감정이 앞서는 경우가 많다. 질문을 주고받으며 서로 성장하기 위해서는 토론도 필히 잘해야 한다.

토론을 즐겨라

토론 하면 생각나는 일화가 있다. 2003년 3월 9일이다. 그날은 노무현 대통령과 강금실 법무부 장관이 '전국 검사들과의 대화'를 진행한 날이었다. 젊은 평검사들과 2시간 가까이 진행된 공개토론이 TV를 통해 생중계되었다. 노 대통령도 대단했지만 젊은 검사들의 토론도 인상적이었다. 우리나라 토론의 격을 한 단계 올려놓은 사건이 아니었나 싶다.

'개나리'라는 건배사가 있다. '개(계)급장 떼고 나이도 잊고 릴렉스Relax하자!'는 의미다. 필자는 토론에서도 이것이 적용되어야 한다고 생각한다. 토론할 때는 계급이나 직급, 나이와 상관없이 평등하게 자신의 의견을 솔직하게 펼치는 것이 중요하다. 더 중요한 것은 사람을 공격하거나 말꼬리를 잡는 것이 아니라 일이나 문제에 집중하는 것이다. 사실에 입각해서 자신의 의견과 입장을 정확하고 강력하게 주장하는 토론이 필요하다. 서로의 생각을 이해하게 되고 상대방의 입장을 파악하면서 더 나은 의견을 만들어 좋은 결론에 도달할 수 있기 때문이다. 때로는 상대방의 입장에서 토론을 진행하는 것도 좋다. 내 의견이 상대방 입장에서 생각하면 다르게 느껴지고 다른 의견으로 바뀔 수 있기 때문이다.

세계 미디어 시장을 송두리째 바꾸고 있는 넷플릭스의 최고 인재 책임자였던 패티 맥코드Patty McCord는 다른 직원들의 생각과 관점을 이해하기 위해 격렬하게 토론하는 문화[16]를 만들었다고 말했다. 맥코드는 동료들이 무슨 근거로 그렇게 생각하는지 이해하도록 하기 위해 팽팽하게 토론을 이끌었고 그 결과로 넷플릭스가 계속해서 발전하고 있다고 생각한다고 주장했다. 그녀는 또 '데이터 중심'이 아니라 '사실 중심'에 주의하라고 경고했다. 정말 좋은 지적이고 맞는 말이다. 물론 우리 문화에서 사실에 근거한 '개나리' 태도로 팽팽하게 토론을 이어가기란 쉽지 않다. 하지만 못할 이유도 없다. 우리도 분명히 할 수 있다.

필자가 미국 벨코어Bellcore 연구소의 소프트웨어 개발 그룹에서 프로젝트 매니저로 일할 때의 일이다. 당시 개발한 소프트웨어 시스템은 DECDigital Equipment Corporation의 VAX 클러스터 컴퓨터에서 구동되고 있었는데, 2000년을 앞두고 VAX 클러스터 컴퓨터의 시스템 시간을 변경하는 Y2K라는 프로젝트를 맡은 것이다. 1992년 여름, 소프트웨어 수석개발자와 시스템 시간 변경 알고리듬을 놓고 한 달 동안 수많은 맞짱 토론을 벌인 적이 있었다. 수석개발자의 제안과 프로젝트 매니저로서의 방안을 놓고 거의 매일 토론을 벌인 것이다.

우리는 서로 솔직하게 의견을 말하고, 검증하고, 다시 토론했다. 큰소리를 내거나 서로를 공격한 것이 아니다. 논리적으로 설명하고 그림도 그리면서 한 달이나 토론을 거듭했다. 결국 해결책을 찾아내서 수석개발자는 소프트웨어로 개발하고 프로젝트 매니저는 검증하여 결과에 흔쾌히 동의하면서 모든 것이 잘 끝났다. 한 달 동안 서로 웃으면서 식사도 같이 하고, 떠들며 일하고, 생각하면서 새로운 알고리듬을 제안하고 토론했다. 누가 승리하느냐가 아니라 해결해야 할 문제에 집중하고, 고객을 생각하며 열심히 토론한 것이다.

토론이 이렇게 진행되면 서로의 도전 정신과 아이디어로 인해 더 좋은 결론에 도달하기 마련이다. 토론이 좋은 것은 어느 순간 자연스레 답이 나오기 때문이다.

성숙한 토론을 하려면 평소에 상대방을 인정하고 신뢰해야 한다. 그래야 생각과 입장을 이해할 수 있다. 또한 겸손하게 배우는 자세도 필요하고, 자신의 생각과 의견을 상대방에게 솔직하게 말할 수 있어야 한다. 하지만 감정에 치우쳐 얼굴을 붉힐 만큼 개인에 대한 공격은 삼가야 한다. 우리 문화는 공과 사가 구분이 잘 안 되어 토론이 싸움으로 전락하는 경우가 종종 있다. 서로를 인정하고, 입장을 간결하고 정확하게 표명하는 것이 중요하다. 특히 상급자들에 의해 시간만 낭비하는 토론이 얼마나 많은가. 토론이 아니라 잡담으로 빠지는 경우 말이다.

토론을 할 때는 사실 중심, 문제 해결 중심, 고객 중심으로 질문하고 진행해야 한다. 고객으로부터 거꾸로 생각하다 보면 더 많은 질문과 토론이 생기지 않을까? 아마존의 거꾸로 일하는 방식처럼 말이다. 고객 중심을 넘어 고객 집착에 몰두한 제프 베조스가 성공한 이유이기도 하다. 핵심을 찌르는 거침없는 질문으로 진솔하게 토론하는 문화, 4차 산업혁명 시대에 우리가 반드시 실행해야 할 문화이자 미래가 아닐까 싶다.

사람 중심의
인문학적 소양

4차 산업혁명을 기술 중심으로만 설명하다 보니 사람들이 혼동을 겪고 있다. 인공지능이나 빅데이터, 사물인터넷이 4차 산업혁명이라고 말하기도 한다. 이러한 기술이 4차 산업혁명을 이끄는 주요한 요소인 것은 맞다. 그와 함께 새로운 비즈니스 혁신도 나타나고 있다. 4차 산업혁명은 '급진적으로 발전하고 있는 기술을 활용한 비즈니스 혁신으로 인간에게 고귀한 가치를 제공하는 사건'이다. 즉, 기술과 비즈니스를 통해 사람에게 가치를 제공하는 '사람을 위한 혁명'이라는 의미다. 기술과 비즈니스 모두 사람을 위한 것일 때 유효하고 가치가 있다. 개발자들이 제품이나 서비스를 개발하는 과정에서 기술에 매몰되어 고객의 관점을 잊을 때가 있다. 고객이 외면하는 제품이나 서비스가 나오는 이유다.

실상은 기술 좋은 제품보다는 고객이 쉽고 편하게 사용하는 제품이 훌륭한 제품인 것이다. 고객이 멋지고 놀라운 경험을 할 때 비로소 그 제품은 가치가 있기 때문이다. 대표적인 것으로 애플의 아이폰을 들 수 있다. 아이폰 이전에도 물론 스마트폰은 있었다. 휴대폰과 PDAPersonal Digital Assistant가 결합된 삼성의 MITSMobile Intelligent Terminal by Samsung M330 스마트폰. 2002년 출시 당시 이 모델은 혁신적인 차세대 휴대폰으로 오늘날 사용하는 스마트폰 기능들이 대부분 포함되어 있었다. 그러나 M330은 인터넷 연결도, 데이터 기능도 매끄럽지 못했다. 고객이 사용하기에 어려웠다.

후발 주자였던 애플은 스티브 잡스가 주장한 대로 '기술과 인문학의 접점'을 아이폰에서 완성시켰다. 다양한 앱을 매뉴얼 없이도 누구든지 쉽게 사용할 수 있는 아이폰은 기술에 인문학적 관점을 녹여 고객에게 다가왔다. 스티브 잡스는 그의 자서전을 집필하기 시작할 때 월터 아이작슨에게 이렇게 고백했다. "나는 어린 시절 늘 나 자신이 인문학적인 인간이라고 생각했다. 그러면서도 전자공학을 좋아했다"고.[17] "그러다가 나의 영웅으로 꼽을 수 있는 폴라로이드 창업자 에드윈 랜드Edwin Land가 인문학과 과학의 교차점에 설 수 있는 사람이 중요하다고 이야기한 것을 읽으면서 그것이 바로 내가 하고 싶은 것이라고 생각했다"고 덧붙였다. 스티브 잡스는 인문학과 기술의 교차점에서 인간과 기기가 공생하는 모습을 그리며 인간에게 친근하고 편리한 쉬운 휴대폰을 개발하지 않았을까 싶다. 아이작슨은 그의 저서 《이노베이터Innovators》에서 "디지털 시대의 가장 진정한 창조성은 예술과 과학을 연결시킬 수 있는 사람들에게서 나왔다는 데 감명을 받았다"고 고백했다.

사람을 생각하는 역량, 사람을 이해하는 역량, 사람에 관한 역량은 기본적으로 인문학적 소양이다. 4차 산업혁명 시대에 기술이 빛의 속도로 발전하여 사람들이 할 수 있는 일들이 줄어들 전망이지만, 그러기에 더욱 사람이 사람다워지는 시대가 된다. 소통 능력, 공감 능력, 배려, 비판적 사고 능력, 학습 능력 등 다양한 인문학적 역량이 필요하다. 호모 커넥서스에게는 특히 소통력, 공감력, 비판적 사고 능력이 중요하다.

소통력 - 말이 통해야 일이 통한다

호모 커넥서스는 전 세계에 흩어져 있는 여러 분야의 사람들과 협력하여 일하기 때문에 무엇보다 원활한 소통 능력이 중요하다. 소통은 쉬우면서도 어렵다. 소통은 일방적인 것이 아니라 양방향이기 때문이다. 소통疏通은 서로 교류, 즉 통한다는 뜻이다. 탈무드에는 "인간은 입이 하나, 귀는 둘이다. 이는 말하기보다 듣기를 두 배 더 하라는 뜻이다"라고 써 있다.

소통을 잘하는 첫 번째 방법은 경청이다. 내 주장을 내세우기보다는 상대방의 말에 귀 기울이고 듣는 것이 중요하다. 하지만 듣기가 말하기보다 더 어렵다. 잘 듣기 위해서는 상대방의 몸짓, 손짓, 때로는 발짓, 표정, 말투를 포함한 여러 가지를 겸손히 받아들이고 상대방을 한 인간으로서 있는 그대로 인정하고 존중해야 한다.

세상에서 가장 무서운 개*(犬)* 두 마리가 있다. 바로 선입견과 편견이다. 잘 모르면서 선입견을 갖고 대하면 상대방을 제대로 이해하기 어렵다. 겉모습을 보고 깔보는 경우도 있다. 편견은 오만이다. 겸손하게 듣고 정중하게 말하는 것이야말로 소통의 기본이다. 내가 나이가 많다고, 많이 배웠다고 오만하면 제대로 들리지 않는다. 내가 듣고 싶은 것만 듣는다. 내가 말을 더 하게 된다. 내가 하고 싶은 말만 하게 된다. 상대방은 안중에도 없이 소통이 아니라 일방적 지시나 훈계를 하게 된다. 소통은 겸손하게 듣고 이해하며 정중한 태도에서 이루어진다.

소통을 잘하기 위해서는 둘째, 알기 쉬운 단어를 사용해야 한다. 글로벌 협업팀이 모여서 일할 때는 언어가 다양하여 소통이 어렵다. 여러 인종이 모여 일하다 보니 보통 영어로 소통한다. 영어가 모국어가 아니기 때문에 정확히 영어로 소통하는 것은 쉬운 일이 아니다. 이런 경우 쉬운 단어를 사용하고 짧은 문장을 구사하는 것이 중요하다. 그래야 상대방을 배려할 수 있고 원활한 소통이 이루어진다. 말이 통해야 일이 통한다.

소통을 잘하기 위한 세 번째 요소는 배려다. 소통을 잘하려면 언어 못지않게 남을 이해하고 배려하는 열린 마음도 중요하다.

호모 커넥서스는 여러 경험, 역량, 인종, 언어, 지리적 장소 등을 지닌 다양한 인재들과 힘을 합친다. 인터넷, 이메일, 화상통화 등 디지털 협업 도구도 쉽게 활용한다. 물리적으로 서로 떨어져 있지만 소통에 어려움이 없어야 힘을 합쳐 일할 수 있다. 소통이 원활해야 한마음, 한 뜻, 같은 목표를 향해 일할 수 있다. 협업 체계는 우리에게 익숙한 수직적 상하 관계가 아니라, 수평 관계가 되어야 한다.

전통, 문화, 일하는 방식, 생각하는 방식, 습관, 경험, 전공, 언어가 다른 인재들이 모일 때는 먼저 열린 마음으로 상대방을 받아들여야 한다. 지역이나 나라에 따라 관습과 문화도 다르기 때문이다. 영국 BT와 일할 때 그룹 CTO로 친하게 지내는 친구가 있었다. 국제 컨퍼런스에서 발표도 같이 하고, 아침 식사도 같이 했다. 아침 식사 시간마다 우리에게는 재미있는 일이 벌어졌다. 호텔 식당에 같이 들어가면 웃으며 갈라섰다. 그 친구는 에피타이저로 과일을 먼저 집기 위해 과일 코너로 갔다. 영국식이었다. 나에게 과일은 후식이므로 식사 마지막 코스였다. 미국식이었다. 이처럼 같이 식사를 하지만 관습에 따라 같은 과일이 에피타이저가 되기도 하고, 디저트가 되기도 했다.

태국에서 어린아이 머리를 쓰다듬으면 큰일 난다. 우리나라에서는 어른이 귀엽다고 어린아이 머리를 잘 쓰다듬는다. 태국 사람은 머리를 신성시 여겨 머리를 쓰다듬는 행동을 불쾌하게 여기거나 금기시한다. 우리가 자주 하는 행동이 태국에서는 금기인 것이다. 이처럼 자그마한 관습 차이가 소통에서 큰 차이를 만들어낸다. 상대방의 관습과 전통을 받아들이고 배려하는 자세가 소통을 원활하게 하고 상대방의 마음을 움직인다.

공감력 - 같이 일체화되는 느낌

공감이란 "나도 당신의 감정이나 상황을 이해하고 똑같이 느낄 수 있다"는 것으로 쉬우면서도 어려운 일이다. 흔히들 상대방 입장에서 듣고 말한다고 이야기한다. 공감은 '상대방의 입장'보다는 '상대방과 일체가 되는 것'으로서 다른 사람의 형편이나 사정을 마치 내가 그 사람이 된 것으로 일체화하여 느끼는 감정을 말한다. 그러기 위해서는 문화, 습관, 언어, 손동작 같은 보디랭귀지, 얼굴 표정을 잘 살피고 이해해야 한다. 공감을 잘하는 사람이 소통도 잘하고 협업도 잘한다.

최재천 교수는 세계적인 영장류 학자 프란스 드 발이 설명하는 "공감에 본능적 요소가 있다"는 말을 믿는다고 한다.[18] 그렇게 본다면 여성이 잘하는 공감을 남성들도 의도적으로 노력하면 잘할 수 있지 않을까 싶다. 심지어 인간뿐 아니라 동물들도 그러한 면을 가지고 있기 때문이다. 상대방을 온전히 이해하는 공감 바이러스를 주변에 전파한다면 소통은 물론 협업도 자연스레 잘 이루어질 수 있을 것이다.

비판적 사고 능력 - 경계를 넘어 생각하고 문제를 해결한다

협업을 잘하고 다양한 의견으로 토론하여 더 나은 방안을 도출하기 위해서는 비판적 사고 능력도 필요하다. 비판적 사고 능력은 경계를 넘어 일하고, 통찰력을 키워주며, 타인을 올바로 이해하고, 또한 영향력을 발휘하는 인문학적 역량이다.[19] 4차 산업혁명 시대에는 다른 어떤 사람보다 복잡하고 어려운 문제를 분석하고, 문제 해결 능력을 갖춘 인재를 필요로 한다.

한국인더스트리4.0협회와 한국능률협회가 공동 조사하고 발표한 〈2016 스마트팩토리 추진현황 실태조사 보고서〉에 따르면,[20] 기업이 바라는 인재상으로 '문제 해결 능력'이 24%, '창의성'이 20.5%로 1, 2위를 차지했다. 기업들은 무엇보다 복잡한 문제를 해결할 능력 있는 인재들을 원하고 있다고 볼 수 있다.

비판적 사고 능력을 가진 사람은 복잡하고 어려운 문제를 여러 면에서 이해하고 질문한다. 이를 통해 중요한 것과 중요하지 않은 것을 찾아낸다. 그러고 나면 내가 이해한 것과 이해하지 못한 부분을 찾아내고, 다른 사람들의 관점을 구한다. 즉, 비판적 사고 능력이란 다른 사람으로부터 조언이나 해결 방안을 구하고 토론하고 통합하여 같이 문제를 해결해나가는 능력이라고 할 수 있다.

우리는 문제를 해결할 때, 제일 먼저 전문가를 찾는다. 그들이라면 문제를 잘 해결할 수 있다고 믿기 때문이다. 미국 남부에는 "병 안에 앉아 있을 때는 병의 라벨을 읽을 수 없다"는 말이 있다. 전문가들은 그 분야에 대해 많이 알고 논리적이면서 옳고 그름이 명확하지만, 완고하고 다른 것을 보지 못할 수도 있다. 그래서 전문가라고 하면서 그러한 태도를 드러낼 때, 미국 남부 사람들은 점잖게 "여보게 친구, 병 안에 앉아 있을 때는 병의 라벨을 읽을 수 없다네. 자네는 지금 병 안에 있다네"라고 말한다.

물론 때에 따라서는 전문가도 중요하다. 그러나 그보다 더 중요한 것은 여러 분야를 섭렵한 사람, 경계를 뛰어넘어 다양한 경험을 가진 사람, 다른 사람들을 잘 이해하고 그들의 지혜를 찾고자 질문하며 토론하는 사람이다. 즉, 비판적 사고 능력을 가진 사람이다.

비판적 사고 능력은 인문학을 통해 훈련할 수 있다. 인문학은 인간의 가치를 탐구하고 인간에 관한 문제를 다루는 학문이다. 문학, 역사, 철학, 예술, 고고학, 언어학 등 광범위한 학문 영역을 포함하고 있다. 스티브 잡스는 자신이 인문학적 기질을 지닌 소년이었고 전자기기를 좋아했다고 고백했다. 오라일리 미디어의 CEO인 팀 오라일리Tim O'Reilly는 하버드대학교에서 서양고전학을 전공하고 IT 출판업에 종사하며 IT계의 흐름을 파악하고 영향력을 끼치는 인재다. 웹 2.0과 오픈소스라는 용어를 대중화했다. 웹페이지에 게재한 '웹 2.0은 무엇인가'라는 글을 통해 웹 2.0이 무엇인지를 설명한 그는《왓츠 더 퓨처What's the Future》의 저자이기도 하다. HP 최초 여성 CEO로 유명했던 칼리 피오리나Carly Fiorina는 스탠퍼드대학교에서 철학과 중세사를 공부하고 UCLA 법학 대학원을 중퇴했다. 페이스북의 창업주인 마크 저커버그는 하버드대학교에서 심리학과 컴퓨터 사이언스를 공부하다가 기숙사에서 페이스북을 개발했다. 이들처럼 기술 중심 기업의 CEO들이 인문학 훈련을 받고 CEO로 성장한 경우를 많이 볼 수 있다.

4차 산업혁명 시대에는 핵심 기술 전문가라 하더라도 인간을 이해하지 못하면 시야가 제한될 수밖에 없다. 데이터 자본주의 사회에서도 무엇보다 인간이 중요하다. 덴마크계 컨설팅 회사인 레드 어소시에이츠ReD Associates의 공동 설립자 중 한 사람인 크리스티안 마두스베르그Christian Madsbjerg는 인문학적 훈련은 "복잡한 데이터 전체를 하나의 결정으로 통합하는, 비할 수 없이 소중한 가치를 지니고 있다"는 찬사를 보낸다.[21]

데이터가 많은 것도 중요하지만 실상은 데이터를 이해하고 어떻게 활용하는지가 중요하다. 데이터를 가지고 장난치는 경우를 우리는 종종 경험했다. 한때 통계청 고용동향 통계자료로 시끄러운 적이 있었다. 누가 옳고 그른지는 좀 더 시간을 두고 지켜볼 일이다. 통계를 가지고 제 입맛대로 해석하여 왜곡한다면 이는 거짓말을 하는 것과 같다. 19세기 영국의 정치가이자 소설가였던 벤저민 디즈레일리Benjamin Disraeli는 "세상에는 세 종류의 거짓말이 있다. 그럴듯한 거짓말, 새빨간 거짓말, 그리고 통계다"라는 유명한 말을 했다. 통계는 데이터를 기반으로 계산에 의해 결과가 나온다. 그것을 해석하는 것은 사람이다. 독립적으로 사심 없이 공정하게 해석하느냐, 아전인수 격으로 왜곡하느냐는 결국 사람의 몫이다. 올바른 통계를 지키려는 노력, 통계 전문가들의 독립성을 보장해야 할 필요가 여기에 있다.

기술이 급격히 변화하고 우리 삶에서 기술이 차지하는 비중이 점점 높아지고 있지만, 사람을 위한, 사람에 의한, 사람의 기술임을 잊어서는 안 된다. 결국은 사람을 사람답게, 사람에 의한, 사람을 위한 4차 산업혁명이기 때문이다.

다양한 분야를 학습하라

인문학적 소양을 키우려면 자신의 전공뿐 아니라, 다양한 다른 분야도 학습하는 것이 필요하다. 바로 T자형 또는 파이π형 인간이 되는 길이다. 내 지식이나 지혜를 펼치는 과정이다. 새로운 곳을 여행하거나 새로운 취미 생활을 시작해 내 경험을 넓히는 것도 필요하다. 서로 다른 분야를 경험하다 보면 서로가 통하고 연결되는 것을 알게 된다. 빌 게이츠가 1년에 1주일씩 두 번, 아무도 없이 혼자 책을 읽으며 시간을 보내는 '생각하는 주간Think Week'을 갖는 이유이기도 하다. 다양한 책을 읽으며 생각을 정리하고 재충전하는 모습에서 성공한 경영자의 진면목을 보게 된다. 어릴 적부터 매주 한 권의 책을 읽고 있다는 빌 게이츠는 매년 휴가 때 읽을 책들을 공유하고 있다. 참고로 2019년 여름휴가 때 그가 읽을 책으로 소개한 다섯 권의 책은 다음과 같다.

1. 에이모 토울스Amor Towles의 《모스크바의 신사A Gentleman in Moscow》
2. 재레드 다이아몬드Jared Diamond의 《대변동: 위기, 선택, 변화 Upheaval》
3. 로즈 조지Rose George의 《Nine Pints》
4. 마이클 베슐로스Michael Beschloss의 《Presidents of War》
5. 폴 콜리어Paul Collier의 《The Future of Capitalism》

필자는 이와 같이 다양한 장르의 독서야말로 빌 게이츠의 비즈니스를 성공적으로 이끈 동력이 아니었을까 생각한다. 다른 분야를 공부하거나 경험하게 되면, 자연스레 내 안에서 복잡한 것들이 정리되면서 통합이나 융합이 일어나게 된다. 혼돈이 생기기도 하고, '아하!' 하는 깨달음과 감동이 오기도 하며, 눈이 번쩍 뜨이는 아이디어가 나올 수도 있다. 관심 있는 분에게는 동서양인문학 고전을 망라한 '서울대 학생을 위한 권장도서 100선'을 추천한다. 1909년 하버드대학교의 찰스 엘리엇Charles Elliot 총장이 작성한 '엘리엇 박사의 5피트 책꽂이'로 알려진 '하버드 클래식 51선'에 선정된 고전도 좋다.

평생학습을 낙으로 삼으라!

子曰, "學而時習之, 不亦說乎".

《논어論語》를 대표하는 학이學而 편의 한 구절이다. 공자께서 말씀하신 "배우는 족족 익히면 어찌 기쁘지 않겠는가!"[22]라는 말이다. 늘 배우고 익히는 자세야말로 삶에 기쁨을 준다는 말에 깊은 공감을 느낀다.

이제는 일방적인 교육이 아니라 스스로 배워가는 시대다.《제3의 물결The Third Wave》 저자이자 저명한 미래학자인 앨빈 토플러Alvin Toffler는 "21세기의 문맹은 읽지 못하고 쓰지 못하는 사람이 아니라, 배우려하지 않고 낡은 지식을 버리지 않는 사람이 될 것이다"라고 말했다.

우리나라에도 평생학습의 롤모델이 있다. 2016년 9월 22일 대한민국 평생학습 대상을 받은 서유복 목수다.[23] 20대 중반부터 건설 현장에서 '형틀목수'로 일해온 그는 '건설 현장의 소크라테스'로 불린다. 집안 형편 때문에 고1 때 중퇴한 후 50세 때 다시 공부를 시작했다. 그동안 취득한 자격증만 건축공학사, 소방안전 1급 등 6개이고, 2014년에는 대입 검정고시로 고등학교 졸업 학력도 갖췄다. 그는 "공부에도 때가 있다는 말은 틀렸습니다. 배움의 길에 때가 어딨습니까?"라고 말한다. 건설 현장에서 일하면서 30년 만에 시작한 공부, 어디 쉬웠겠는가. 새벽 4시에 일어나 밤 9시까지 일하면서 공부할 시간이 부족해 잠을 줄이고, 틈이 날 때마다 공부했다고 한다. 지금은 평생학습의 모범으로 상도 받고, 관리자로 승진도 했으며, 주위에 공부 전도사가 되어 즐거운 인생을 살고 있다.

중국 대문호 왕멍王蒙은 《나는 학생이다》라는 저서에서 생존 다음으로 중요한 것이 학습이라고 했다. 문화대혁명의 소용돌이 속에서 소설 한 편 때문에 사막의 땅인 신장 위구르 자치구로 유배되어 장장 16년 동안 창작은커녕 직업을 갖는 것도 금지되었지만 그 고통의 세월을 보내면서도 그는 배움의 끈을 놓지 않았다. 위구르어를 배우고 박사학위까지 획득한 그는 이렇게 고백한다.

"사상을 박탈할 수 없는 것과 마찬가지로 학습도 박탈할 수 없다. 학습은 총칼의 위협에서도 나를 견강堅強하게 한다. 누군가 내 몸을 위협하거나 억압할 수는 있지만, 내가 눈을 감고 묵상에 들어가 당나라 시를 읊고, 송사를 외우고, 영국의 14행시를 암송하는 것은 막을 수 없다."[24]

얼마나 대단한 학습의 힘인가. 스스로 배워 내 것이 된 것은 어느 누구도 빼앗을 수 없다니. 아무리 힘든 고통 속에서도 학습은 나만의 즐거움을 만끽하며 역경을 순경으로 바꿀 수 있는 힘을 준다. 그는 1979년 복권된 후 중앙위원 문화부 장관과 작가협회 서기, 부주석, 〈인민문학〉 주간 등을 역임하면서 왕성한 활동을 했고, 네 번이나 노벨문학상 후보에 올랐다. 파란만장한 일생을 회고하며 지금도 직업란에 '학생'이라고 적는다는 중국 현대 문학사에 살아 있는 전설, 왕멍. 그는 학습을 다음과 같이 예찬한다.

"학습은 나의 뼈구조와 살재료이다. 학습은 나의 정신이며, 추구이며, 사명이며, 분투다. 학습은 나의 쾌락이며, 게임이며, 지적 체조다. 학습은 나의 기둥이자 영원히 차지할 수 없는 교두보다. 학습은 나에게 불패의 자리를 지키게 해주는 든든한 원군이다."[25]

평생학습을 하기에 나이가 많다고 생각하는가? 96세에 석사학위를 취득하고, 2015년부터 회계학 박사 과정을 밟기 시작한 대만의 자오무허趙慕鶴 할아버지. 1912년 7월 중국 산둥성에서 태어나 타이완 가오슝 시에 거주하고 있는 자오 옹은 난화대학南華大學에서 〈중국 서법 예술정신의 연구-조충체鳥蟲體를 중심으로〉라는 논문으로 2009년 6월 철학 석사학위를 받았다. 조충체란 매 획을 새와 벌레로 표현하는 중국 특유의 서체를 말한다.[26] 타이완 건국 100년 만에 중국과 타이완을 통틀어 최초로 대영박물관에 조충체로 쓴 작품이 소장되는 영광을 누렸다. 자오 옹은 그의 저서 《유유자적 100년》에서 '공부를 사랑하는 마음'이 장수 비결 중에 하나라고 말한다.

"구하라 그리하면 너희에게 주실 것이요 찾으라 그리하면 찾아낼 것이요 문을 두드리라 그리하면 너희에게 열릴 것이니, 구하는 이마다 받을 것이요 찾는 이는 찾아낼 것이요 두드리는 이에게는 열릴 것이니라."

《성경》의 마태복음 7장 7~8절에 나오는 구절이다. 스스로 구하고 찾고 두드리며 배우려는 사람에게 길이 열린다는 뜻이다. 요즘은 배움의 경로도 매우 다양하여 배우고자 하는 마음만 있으면 얼마든지 공부할 수 있다. 유튜브, 무크, 통신 강좌, 인문학 강좌, 전문가, 문화교실 등 얼마든지 많다. 나이, 성별, 성적, 학업, 직업도 상관없고, 장소에 구애받지도 않는다. 마음을 활짝 열고 스스로 배우고자 노력하면 평생 학습할 수 있다. 하늘도 스스로 돕는 자를 돕는다고 하지 않는가. 무한경쟁으로 치열해지는 현실에서 스스로 배우고 구하고 찾고 두드리는 사람을 당해낼 자가 어디 있겠는가.

유대인들은 세 살이 되면 벌써 성서와 탈무드를 공부한다고 한다. 자녀가 처음 탈무드를 읽을 때, 부모가 책에 꿀 한 방울을 떨어뜨려 탈무드는 달다는 인상을 심어준다. 그래서 평생 책 읽는 즐거움을 가르쳐준다. 탈무드를 배우면서 이해하고 질문하고 토론하는 훈련을 받는다. 평생 책 읽는 습관, 질문하는 습관, 토론하는 습관이 몸에 밴다.

토론식으로 수업하는 학교가 있다. 페이스북을 창업한 마크 저커버그가 졸업한 명문 사립고등학교다. 미국 동부 뉴햄프셔주 필립스 엑시터 아카데미Phillips Exeter Academy는 '하크니스 방법'[27]으로 불리는 원탁 토론식 수업으로 유명하다. 일명 '하크니스 테이블Harkness Table'이라 불리는 큰 원탁에서 모든 수업을 세미나 형식으로 진행한다. 이 원탁은 1930년 이 학교에 거액의 장학금을 기증한 미국 석유 재벌 에드워드 하크니스Edward Harkness의 "배움은 민주주의적이어야 한다Learning should be a democratic affair"는 믿음에서 비롯되었다. 학생들은 수업 전에 미리 준비하고 수업에서는 한 명의 교사와 열두 명의 학생들이 원탁에 둘러앉아 서로의 생각을 격려하고, 질문하고, 의견을 말하고, 토론을 하면서 과목에 대해 더 깊은 이해를 가지게 된다. 이는 문제 해결 능력과 배움을 위한 협업적 접근 방법이다.[28]

인터넷 시대를 사는 우리 앞에 놓인 도전은 정보의 홍수 속에서 필요한 정보를 정확히 찾아내는 것이다. 이전에는 책을 읽으려면 도서관에서 빌리거나 서점에서 구입해야 했다. 지금은 인터넷에서 검색하여 읽을 수 있다. 구글북스는 2,500여만 권을 디지털로 변환하여 언제 어디서든 찾아 읽을 수 있다. 국립중앙도서관이 2018년 7월 31일 현재 11,592,939권의 장서를 보유하고 있고, 미국 국회도서관이 1,600여만 권의 책을 소장하고 있는 것과 비교할 때 엄청난 양이라고 할 수 있다. 특히 고서와 일반 도서관에는 없는 서적들도 소장하고 있다.

학습보다 더 중요한 것은 학습과 책을 통해 스스로 이해하고 깨달으며, 나아가 내가 확보한 지식보다 더 많은 가치나 지혜를 나누는 일이다. "당신이 확보한 것보다 항상 더 많은 가치를 창조해야 한다"고 팀 오라일리는 강조한다. 우리는 내가 받은 것보다 더 많은 것을 사회에 기여하는 자세가 필요하다. 내가 배우고 느끼고 경험한 지식과 지혜, 열심히 일해서 벌어들인 돈, 내게 있는 모든 것은 나 혼자 이루어낸 것이 아니라 사회와 더불어 만든 것이기 때문이다. 워렌 버핏이 370억 달러약 41조 7,300억 원를 빌&멀린다 게이츠재단에 기부한 이유이기도 하다.

이제 '거꾸로 학습'의 시대다. 꼭 학교에 가야 배우는 시대는 끝났다. 평생학습에 좋은 방안은 바로 '거꾸로 학습'이다. 이제까지 교육은 학교에서 교사가 학생들을 가르치고, 학생들은 배우는 것이었다. 교사에서 학생으로의 일방통행이었다. 특히 우리나라는 주입식 교육의 폐해 때문에 거의 모든 정책이 효과를 거두지 못하고 있다. 다행히 최근 들어 거꾸로 학습, 플립러닝Flipped Learning이라는 새로운 방식이 관심을 끌고 있다. 거꾸로 학습은 학생들이 미리 교재를 공부하거나 온라인을 통해 선행학습하고 교실에서는 교사와 학습 내용을 서로 논의하거나 토론하는 교육 방식을 일컫는다. 중요한 점은 교사나 교수가 퍼실리테이터Facilitator 역할을 하고 학생들이 토론이나 논의를 통해 서로 배우는 환경을 만들어내는 것이다.

우리나라에서도 이미 대학을 중심으로 실시하고 있으며, 중고등학교로 확대되고 있는 상황이다. 강의실이 없는 대학으로 유명한 미국의 미네르바 스쿨Minerva School이 이를 채택하고 있다. 앞에 언급한 미국의 필립스 엑시터 아카데미에서도 시행하고 있다. 이 학교에서는 온라인 동영상으로 선행학습을 할 수 있다. 교사가 자체 제작하는 경우도 있고, 외부 온라인 동영상 강의 프로그램을 활용하기도 한다.

여기서 전 세계에 인기 있는 무료 온라인 동영상 강의 프로그램을 간략하게 소개한다. 자세한 내용은 해당 홈페이지를 참조하기 바란다.

칸 아카데미

2004년 보스턴을 방문한 열두 살배기 조카의 수학을 도와주기 위해 시작한 과외를 비영리기관으로 발전시킨 칸 아카데미Khan Academy는 2005년 당시 헤지펀드 분석가이던 살만 칸Salman Khan에 의해 설립되었다. '누구에게나 어디에서나 세계 최고 수준의 무료 교육을 제공하는 것'이 칸 아카데미의 사명이다. 조카에게 수학을 가르치던 방법을 유튜브 동영상으로 발전시키고 이를 통해 전 세계의 학생들을 무료로 교육하는 프로그램으로 자리 잡고 있다. 자세한 내용은 https://www.khanacademy.org를 참조하기 바란다. 칸 아카데미의 살만은 유선생의 원조인 셈이다. 2017년 기준 매달 1,200만 명 정도의 학생들이 30개 이상의 언어로 제작된 과목을 수강했다.[29]

주로 초등학교에서 고등학교까지의 과정을 취급하는데, SAT 등 대학교 입학을 위한 시험 강좌뿐 아니라, 직장인들을 위한 강좌까지도 무료로 제공하고 있다. 기업가 정신 과목에서는 엘론 머스크 등 창업자의 인터뷰 동영상도 볼 수 있다.

영어로 강의를 듣는 데 어려움이 있는 학생들을 위해 동영상 대본도 제공되어 듣고 읽으면서 수강할 수 있다. 배우고 싶은 과목을 들으면서 영어도 공부하는 일석이조의 효과를 거둘 수 있는 최선의 방법이다. 이렇게 공부하게 되면 많은 경비와 시간을 소모하는 어학연수를 떠날 필요가 전혀 없다.

　우리나라에도 칸 아카데미 코리아가 설립되어 한글 자막으로 수학과 컴퓨팅 강의들을 수강할 수 있다. https://ko.khanacademy.org를 참조하기 바란다. 동영상 대본도 한글로 제공되어 강의를 영어로 들으면서 어려운 부분을 한글로 읽을 수 있다.

무크, 온라인 공개 강좌

　미국에서 시작된 무크MOOC에 대해 많은 이들이 알고 있고, 일부는 이미 강좌를 듣기도 했을 것이다. 많은 세계 유수 대학의 저명한 교수들이 동영상 강좌를 제작하고 전 세계 어디서나 누구든지 원하면 학습을 할 수 있는데, 대부분의 강좌들이 무료다. 학습 분야, 강의 내용이나 수준, 편리함, 학습 인정 체계 등 어느 것 하나 손색이 없다. 무크 강좌 인증제도로 직장에서 실력을 인정해주는 경우까지 생겼다. 열정만 있다면 누구나 어디서든 세계 최고의 교수에게 관심 분야의 강좌를 듣고 전문가로 도약할 수 있다. 강의 전에 미리 주제에 대해 듣거나 공부하고 강의실에서는 교수가 퍼실리테이터Facilitator, 즉 토론을 촉진하는 역할을 담당하는 교육이 인기를 끌고 있다. 일반적으로 말하는 플립러닝Flipped Learning, 즉 거꾸로 학습이다. 우리나라의 교육이 가야 할 방향을 제시해주는 새로운 교육, 학습 방식이다. 우리나라의 여러 학교에서도 이미 추진 중이다.

　세계 3대 무크는 미국의 코세라https://www.coursera.org, 에덱스https://www.

edx.org, 유다시티https://www.udacity.com다.

1. 코세라

코세라Coursera는 미국 스탠퍼드대 컴퓨터과학 교수인 앤드류 응 Andrew Ng과 대프니 콜러Daphne Koller가 2012년 창립한 세계 최대 무크 다. 영리기업인 코세라는 현재 스탠퍼드, 예일, 프린스턴, 듀크, 펜실 베니아 등 160여 개의 대학과 교육기관이 참여하여 3,800개 이상의 강좌를 제공하고 있다. 인문사회, 비즈니스, 컴퓨터과학, 물리학, 공 학, 생명과학, 사회학, 언어 등 대학과 대학원 강좌를 들을 수 있다. 현 재 전 세계에서 누적 수강자 수가 1,800만 명을 넘어설 만큼 큰 인기 를 누리고 있다. 영어, 중국어, 스페인어 등 약 15개 언어로 강의가 진 행된다. 연세대와 카이스트도 참여하고 있다. 연세대 정종문 교수의 '새로 부상하는 정보기술: 스마트폰으로부터 사물인터넷, 빅데이터 the Emerging Technologies: From Smart Phones to IoT to Big Data' 강좌는 유료이지 만 인기가 높다. 자격증을 취득할 수 있는 정보기술의 특성화 강의로, https://www.coursera.org/specializations/emerging-technologies를 참조하기 바란다. 최근에는 IBM이 데이터과학 특성화 강의를 제공하 여 많은 인기를 얻고 있다. https://www.coursera.org/specializations/ ibm-data-science-professional-certificate를 참조하기 바란다.

2. 에덱스

에덱스edX는 2012년 MIT와 하버드대학이 6천만 달러를 투자해 세운 비영리기관이다. MIT, 하버드, 버클리, 보스턴 대학 등의 컴퓨터과학, 비즈니스와 경영학, 공학, 인문, 사회과학 등 1,200여 개의 강좌를 제공하고 있다. 서울대도 참여하고 있다. 미국 유수의 대학들이 참여하고 있어 이들 대학에 입학하고 싶은 유학생들은 미리 수강하는 것도 좋다. 고등학교 과목도 70개나 제공하고 있으며, 대학 과정과 직장인을 위한 강좌도 제공한다.

3. 유다시티

유다시티Udacity는 구글 X의 연구소장이었던 스탠퍼드대 세바스찬 스룬 교수가 2011년 설립한 영리기업이다. 세바스찬 스룬 교수의 '인공지능 입문' 강의가 190여 개국에서 16만 명 이상이 등록하는 돌풍을 일으킨 후 유다시티를 설립했다. 정보통신, 컴퓨터 관련 강의에 특화된 과정과 나노 학위, 조지아공대 컴퓨터과학 학위 과정 등을 제공한다. 나노 학위 과정에 프로그래밍, 데이터과학, 인공지능, 자율주행 시스템, 비즈니스 분야의 강좌가 개설되어 있다. 강의와 실습을 위주로 교육하며, 구글, 페이스북, AT&T, 아마존과 파트너십을 맺고 공동 개발한 과목도 교육한다.

유다시티는 AT&T와 협력하여 온라인 교육을 통해 미국 조지아공대의 컴퓨터과학 석사학위 과정을 제공하기도 한다. 과정 이수에 7,000달러약 770만 원의 경비가 들어서[30] 조지아공대로 유학 가는 비용 대비, 아주 저렴하게 컴퓨터과학 석사학위를 취득할 수 있다. 전 세계에서 지원하기 때문에 경쟁률이 상당히 높다.

4. 노보에드

노보에드NovoEd는 온라인 강의와 함께 수강생 팀을 구성하여 프로젝트를 수행하는 강좌를 진행한다. 이 부분이 코세라, 에덱스, 유다시티에서 혼자 강의를 듣는 것과 다르다. 스탠퍼드대 아민 사베리 교수가 2013년 파나즈 로나기와 공동 창업한 노보에드는 플러스 애큐멘+Acumen, 딜로이트 컨설팅과 협력하여 리더십, 혁신과 디자인 씽킹, 전략과 의사결정, 마케팅, 사회적 기업가 정신, 적층형 제조 등 기업이 필요로 하는 교육에 특화하여 무료나 유료 강좌를 제공한다. 수강자들이 팀을 구성하여 팀 프로젝트를 수행하므로 혼자 듣는 강의와 개인들이 협력하는 팀워크 학습체계를 제공한다. 플러스 애큐멘이 혁신적 제품 디자인 회사 이데오IDEO와 협력하여 제공하는 '인간 중심 디자인 개요Introduction to Human-centered design'는 개발자나 경영진들이 디자인 씽킹 기법을 배울 수 있는 유익한 강좌다. https://www.plusacumen.org/courses/introduction-human-centered-design을 참조하기 바란다. 딜로이트 컨설팅 회사와 협력하여 제공하는 '3D 기회: 기업 리더들을 위한 적층형 제조3D Opportunity: Additive Manufacturing for Business Leaders' 강좌는 기업의 팀장, 경영진들이 적층형 제조와 비즈니스 모델을 학습하기에 좋은 강의다. https://www2.deloitte.com/insights/us/en/learn/3d-opportunity-additive-manufacturing-course.html을 참조하기 바란다.

지금까지 설명한 해외 무크 강의들은 대학이나 대학원 과정으로 거의 무료이지만, 일부는 5~6만 원의 수수료를 받고 이수증을 발급하기도 한다. 이수증은 링크드인 등의 학력란에 기재할 수도 있고, 취업에 도움이 되기도 한다. 직장인들을 위한 많은 강좌, 특히 새로운 기술이나 기업들이 필요로 하는 강좌들을 제공하여 새로운 프로젝트를 수행하기 위한 준비나 이직을 위한 준비에 인기가 많다. 이들 강좌는 대부분 동영상 강의, 퀴즈, 조교 지원 등으로 구성되어 누구나 어디서든지 편리한 시간에 혼자 강의를 들을 수 있다. 거의 모든 강의는 20분 이내의 짧은 동영상과 강의 스크립트를 제공하여, 영어를 잘 알아듣지 못해도 스크립트를 읽으면서 이해할 수 있다. 영어를 익히기 위해 어학연수를 가거나, 영어 학원에 다니기보다 무크 강좌를 통해 좋아하는 과목이나 직업, 취업에 필요한 강의를 들으면서 영어도 공부하는 것을 고려해보는 것이 좋겠다. 노보에드 강의는 팀원들이 전 세계에 산재되어 있어 다양한 인맥을 쌓거나 그들의 문화를 접할 수 있는 좋은 기회를 제공하기도 한다.

케이 무크

우리나라도 2015년 10월 교육부와 국가평생교육진흥원에서 한국판 무크인 케이 무크K-MOOC를 개발하여, 국내 유수 대학 교수들의 동영상 강좌를 일반 학습자들에게 무료로 제공하고 있다. 웹사이트 http://www.kmooc.kr에서 현재 서울대 등 60여 개 대학의 인문학, 사회학, 교육학, 경제학, 물리학, 인체해부학, 철학, 열역학, 전자회로 등 760여 개의 강좌를 들을 수 있다. 대부분 우리말로 강의하지만, 영어로 강의하는 과정도 50여 개나 된다. 지속적으로 참여 대학과 강좌가 늘어날 전망이다. 기업과의 협업도 늘어, SK C&C와 KAIST가 공동으로 클라우드 기반 소프트웨어 엔지니어링 묶음강좌를 개설하기도 했다. [31] http://www.kmooc.kr/series_view/4/를 참조하기 바란다.

서로 다른 조각을
재조합하는 통섭력

피카소는 "유능한 예술가는 모방하고 위대한 예술가는 훔친다Good artists copy, Great artists steal"고 말했다. 스티브 잡스가 생전에 이 말을 즐겨 언급했다. 뉴턴도 "만약 내가 다른 사람들보다 더 멀리 보았다면, 그것은 거인의 어깨 위에 서 있었기 때문이다If I have seen further than others, it is by standing upon the shoulders of giants"라고 하지 않았던가.

우리는 선배들에게 배운다. 기술을 갖고 놀다가 새로운 생각이 나기도 한다. 아는 기술, 물건, 서비스를 다른 방식으로 조합하면 새로운 것을 창조할 수 있다. 스티브 잡스도 아이팟이나 아이폰을 무에서 만들어낸 것이 아니다. 여기저기 흩어져 있던 기술을 조합, 재조합하여 만들어낸 것이다. 《아웃라이어Outliers》를 펴낸 베스트셀러 작가 말콤 글래드웰Malcolm Gladwell도 "스티브 잡스의 천재성은 그의 디자인이나 비전에 있는 것이 아니다. 바로 편집 능력에 있다"고 주장했다.[32] 시장에 나와 있는 기술이나 아이디어를 조합하여 제품을 만들었다는 의미다. 글래드웰 이전에 같은 주장을 했다고 원통해하는 김정운 교수는 그의 저서 《에디톨로지》에서 "창조는 편집이다"라고 주장했다.

혁신도 재조합이다

혁신만 재조합해서 만들어질까? 정보도 마찬가지다. 세상에 있는 정보를 헤치고, 다른 조각들을 맞추면서 조합하고 재조합한다. 그러면 새로운 정보와 지식, 지혜를 쌓아갈 수 있다.

인재도 조합한다. 심지어는 국경을 초월해서. 이전에는 만나기 어려웠거나 알지 못하던 인재들이 전 세계에 포진해 있고, 인터넷 공간에서 쉽게 만날 수 있을 뿐만 아니라 채용하기도 한다. 디지털 공간을 통해 지리적 한계를 초월하고, 한 번 클릭하여 팀을 이룬다. 디지털의 힘이고, 초연결의 힘이다. 이를 통해 각자 가지고 있는 역량과 지혜, 경험, 통찰력을 조합할 수 있다. 여러 아이디어나 의견을 조합하고 재조합하여 완전히 다른 것을 창조할 수도 있다. 다른 분야, 다른 조각들을 조합하고 재조합하여 새로운 것을 만들어내는 능력이 통섭력이다.

호모 커넥서스는 글로벌 인재들과 일하면서 서로 다른 조각들을 조합하고 재조합하고 편집하여 새로운 가치를 창조한다. 디지털 기술은 조합, 재조합을 쉽게 한다. 조합하고, 만들고 검증하고 배우는 과정이 반복되면서 혁신이 일어난다. 제품도 쉽게 제작하고 상품화할 수 있다. 아두이노나 라즈베리 파이를 활용하여 제품을 쉽게 만들 수 있다. 다양한 기술을 조합하여 원하는 것을 만들 수 있다. 소프트웨어로 제어할 수 있다. 소프트웨어로 여러 기능들을 어렵지 않게 구현할 수 있다. 곧바로 검증할 수 있다. 출시하고 고객에게 의견을 들을 수 있다. 배우고 나면 다시 만든다. 검증하고 배운다. 그리고 지속적으로 개선하여 고객이 원하는 제품이나 서비스를 만든다.

호모 커넥서스는 관습에서 벗어나는 것을 두려워하지 않는다. 오히려 즐긴다. 구글의 창업자들은 기존 상식에 '왜?'라고 질문한다. 전통 방식에 의문을 던지며 새로운 것을 추구한다. 세상을 변화시킨다는 집념에 다양한 방식을 생각하면서 전통이나 상식에 도전한다. '왜 안 되는가?'라며 권위에 도전한다. 관습을 건전하게 무시한다. 타성을 넘어선다. 남들이 미쳤다고 비웃는 것도 이겨낸다. 그들은 되레 남들이 미쳤다고 비웃는 것을 우직하게 견뎌냈다. 구글, 아마존, 페이스북, 소프트뱅크, 테슬라를 비롯한 여러 기업이 성공한 이유다. 이들은 처음부터 없는 것을 발명한 것이 아니다. 다른 여러 조각들을 조합하고 재조합했으며, 새로운 것을 생각하고 꿈을 실현했다.

세상을 변화시키는 꿈을 가졌는가? 무엇을 바꾸려는가? 장애물은 무엇인가? 어떻게 넘을 것인가? 관습을 무시할 수 있는가? 준비된 자에게는 반드시 기회가 온다. 그러니 글로벌 인재들과 협업하며 서로 다른 조각들을 조합하고 재조합하라. 소통하고 공감하고 배려하며 가치를 창출하라. 창조는 재조합이다. 다양한 아이디어 조각들을 창출하고 조합하고 통합하여 문제를 해결하는 방법 중에 디자인 씽킹이라는 기법이 있다. 이에 대해 알아보자.

디자인 씽킹을 활용하라

'디자인 씽킹'이라는 용어는 1986년 하버드대학교의 피터 로우Peter Rowe 교수가 출간한 《디자인 씽킹Design Thinking》이라는 책 제목에서 비롯되었다. 이 책에서 디자인 씽킹이라는 용어를 정확하게 정의하지는 않았지만 건축과 도시 계획 디자이너들이 일하는 방식을 통해 디자인 씽킹을 설명했다. 이후 미국 실리콘밸리의 저명한 디자인 회사 이데오가 디자인 씽킹을 바탕으로 한 혁신적인 제품 디자인으로 공전의 히트를 치면서 각광을 받게 되었다. 스탠퍼드대학교의 디 스쿨d. school은 디자인 씽킹 프로세스를 훈련하는 과정을 제공하고 있다. 전공에 상관없이 원하는 학생들이 수강할 수 있는 학제 간 과정Interdisciplinary program이다. 학생뿐 아니라 기업인들도 이 과정에 참여하고 있다.

디자인 씽킹은 '사람을 중심으로 세심한 관찰과 공감을 통해 협력하여 창의적인 자신감으로 문제를 해결해나가는 과정'으로 정의할 수 있다. 좌뇌의 분석적 사고와 우뇌의 직관적 사고 능력을 균형 있게 활용하면서 디자이너들이 생각하는 방식으로 문제를 해결하는 방법이다. 이데오는 디자인 씽킹을 '인간 중심 디자인Human-Centered Design' 방법론

으로 정의하고 있다. [33]

이데오는 디자인 씽킹을 영감Inspiration, 발상Ideation, 실행Implementation의 3단계 프로세스로 실행한다. 스탠퍼드대학교는 공감Emphathy, 정의Define, 발상Ideate, 시제품Prototype, 검증Test의 5단계로 정의한다.

이데오가 정의한 디자인 씽킹 3단계를 간략하게 알아보자.

영감 단계는 고객과의 공감을 통해 문제를 이해하는 과정이다. 공감하기 위해 고객과 며칠 또는 몇 주를 같이 생활하기도 한다. 그들이 처한 환경과 문제를 올바르게 이해하기 위해 고객과 일체가 되는 것이 중요하다. 영감 단계에서는 고객의 문제를 본질적으로 이해한다.

발상 단계는 문제의 본질을 이해한 것을 바탕으로 해결할 방안을 찾는 과정이다. 다양한 아이디어를 창출하고 통합하여 가장 우선적이고 영향력 있는 해결 방안을 찾는다. 이때는 많은 아이디어를 창출하는 것이 중요하다. 브레인스토밍Brainstorming, 고객의 환경을 직접 경험하는 지도Journey Map, 관계 지도Relation Map 등을 활용한다. 다양한 아이디어를 제안하고 토론하며 조합하거나 그룹으로 분류하기도 한다. 창출한 많은 아이디어를 조합하고 재조합하는 통합 과정을 통해 실현 가능한 해결 방안을 끄집어내는 단계다.

실행 단계는 고객의 문제를 해결하기 위한 방안 중에 실현 가능한 아이디어를 실제로 구체화하는 시제품을 제작하고, 고객들과 검증하여 의견을 받는 과정이다. 발상 단계에서 정한 아이디어를 시제품으로 제작하여 고객들에게 보여준 뒤 의견을 듣고 필요에 따라 다른 시제품을 제작하거나 다른 아이디어를 구현해가는 과정인 것이다. 시제품은 고객의 문제를 해결하는 방안을 최소한의 기능으로 빠르게 구현하는 것이 중요하다. 너무 많은 기능을 구현하기 위해 오래 걸리는 것은 좋지 않다. 최소한 간단하게 기능을 구현하여 고객의 의견을 듣고 개선할지, 다른 방안을 강구할지를 결정하는 시점이기 때문이다. 시제품을 제작하기 위해 현지에서 구할 수 있는 다양한 재료를 사용하는 것도 좋다. 우리 주변에 널려 있는 종이, 고무줄, 나무, 플라스틱 등 흔한 재료를 활용하거나 3D 프린터로 제작할 수도 있다. 시제품으로 고객들의 진솔한 의견을 듣거나 고객이 직접 사용하면서 장단점이나 실제로 활용하기 위한 방안 등을 검증하는 것이 매우 중요하다.

디자인 씽킹의 요체는 고객의 문제를 이해하고, 해결하기 위해 간단하고 빠르게 최소 기능을 구현하며, 고객을 통해 검증하는 선순환 구조다. 고객 검증을 통해 시제품을 더 개선할 것인지, 다른 해결 방안을 강구할 것인지를 빠르게 결정해야 한다. 이 시점이 바로 흔히 말하는 'Go/No-Go', 즉 진행하거나 멈추는 의사결정 단계다. 멈추는 결정 후에는 다른 해결 방안을 위해 다시 영감-발상-실행 단계를 거치며 문제를 해결할 때까지 반복한다.

디자인 씽킹은 큰 문제를 작게 나누고, 작은 문제를 빠르게 해결하는 방안을 만들어 고객에게 검증받는 과정이다. 그래서 '작고 빠르게 실패하거나 성공하는 기법'이라고 말하기도 한다. GE의 새롭게 일하는 방식인 패스트웍스FastWorks도 디자인 씽킹에 기반한 것이다. 애플 컴퓨터가 도입한 첫 번째 마우스도 디자인 씽킹을 활용하여 디자인한 것이다. 최근에는 아마존닷컴, 삼성전자, P&G, 메리어트호텔, 화이자, 서울대 병원을 포함한 여러 국내외 기업과 단체에서도 적극적으로 활용하고 있다. 디자인 씽킹은 문제를 해결하기 위해 많은 아이디어를 창출하고 통합하여 더 나은 해결 방안을 찾아내는 데 효율적이고 효과적이다. 여기서 중요한 점은 아이디어를 개방하고 공유하는 것이다.

내 것을 움켜쥔 채 상대방에게 내놓으라고 하면 일이 제대로 풀리지 않는다. 우리나라는 역사적으로 변화가 필요한 시기에 문을 닫은 경우가 많았다. 내 기술, 내 사업, 내 회사, 나하고만 협업, 내 것만을 고집하여 발전이 저해되는 경우가 있었다. 세상이 바뀌었다. 혼자서 할 수 있는 시대는 지났다. 때로는 적과의 동침도 필요하다. 국제적으로 협력하고 공유하는 시대다.

개방하고 공유하라

영국에서 1차 산업혁명이 일어났지만 경제가 부흥하는 데는 상당한 시간이 걸렸다. 1800년대 초까지만 해도 네덜란드는 영국보다 잘 살았다. 1648년 스페인과의 8년 전쟁에서 승리하고 독립한 후 해양대국이 된 네덜란드는 1700년대와 1800년 초까지만 해도 세계에서 가장 잘사는 나라였다. 네덜란드는 스페인으로부터 독립한 후 종교와 사상의 자유를 인정했다.

그런데 공교롭게도 당시 프랑스는 "짐이 곧 국가다!"라는 선언으로 유명한 루이 14세가 프랑스를 통일하기 위해 1685년 낭트칙령을 파기했다. 이를 계기로 종교의 자유를 위협받고 있던 프랑스 신교인 칼뱅파의 위그노Huguenot들이 해외로 망명했다. 당시 약 75,000명에서 10만 명의 위그노들이 네덜란드로 망명해 1700년경에는 네덜란드 국민의 25%가 위그노였다고 한다. 위그노들의 탈출로 프랑스는 기술의 혁신이 정체되었다. 당시 위그노들은 기술자들로 영국, 북부 유럽, 미국 등으로 탈출하여 기술 혁신을 이끌었다.[34] 이렇게 도망친 위그노들은 네덜란드를 세계 해양대국으로 이끌었다. 홍석현은 그의 저서 《우리가 있기에 내가 있습니다》에서 이러한 상황을 잘 설명하고 있다.

"네덜란드는 망명자의 천국이었습니다. '나는 생각한다. 고로 존재한다'의 데카르트도 여기서 20년 넘게 망명생활을 했습니다. 네덜란드는 딱 하나, 어떤 인재든 와도 된다고 받아들였을 뿐인데 최고의 인재가 온 겁니다. 어떤 사람들이 왔을까요? 구교 국가에서 박해를 받던 신교의 자본과 프랑스 프로테스탄트 칼뱅파 교도 위그노들이 다 들어온 것입니다. 그다음에 유대인들도 왔죠."[35]

이것이 바로 개방과 자유의 힘이다. 기술자들이 자유를 찾아 탈출하니 기술도 자본도 따라서 유출되어 기술 패권이 바뀌었다. 문호를 개방하니 인재, 자본과 기술이 몰려온 것이다.

테슬라는 2014년 6월 12일 자사가 보유한 전기자동차 특허 1,400여 개를 기술 발전을 위해 무료로 공개했다.[36] 연간 자동차 생산량이 1억 대에 전 세계 자동차가 20억 대에 이르지만, 대부분의 자동차는 휘발유를 소비하고 있다. 테슬라는 혼자서 지구 온난화 위기를 대응하기에

벅찼다며 특허 공개를 통해 테슬라를 포함한 전기자동차 회사들이 힘을 합쳐 빠르게 제조하고, 공통 기술 플랫폼으로 혜택을 입을 것이라고 확신한다고 말한다. 이 얼마나 멋진 일인가. 토요타자동차도 2015년 1월 수소연료 전지차 관련 특허 5,680여 개를 무료로 공개했다. 이제 전기자동차와 수소연료 전지차 기술을 원하는 기업이나 사람은 무료로 특허를 사용할 수 있다.

소프트웨어 산업의 경우에는 이미 오래전부터 소프트웨어 플랫폼을 개발한 회사가 오픈소스나 API를 공개했다. 공유된 자료를 기반으로 개발자나 기업이 애플리케이션이나 앱을 쉽게 개발할 수 있었다. 왜 공개했을까? 플랫폼은 내가 개발하지만 그 위에서 작동하는 많은 앱이나 애플리케이션을 개발자들이 쉽게 개발하도록 하여 플랫폼의 활용성과 이용자의 효용성을 높이기 위해서였다. 더 많은 사람과 사물들이 쉽게 연결되고 소통하고 정보를 공유하며, 가치를 창출하도록 하는 이유가 바로 여기에 있다. 한마디로 판을 키워 더 크게 놀겠다는 의미다. 내가 움켜쥐고 있으면 자그마한 손바닥이지만 팔을 벌려 다른 사람을 잡으면 더 커다란 시장이 생기기 때문이다.

우리나라는 특허나 정보를 얼마나 공유하고 있는지 자문할 필요가 있다. 당신이 인터넷에서 자료를 찾으면서 유럽과 미국 기업들이 공개하는 정보량에 관심을 기울였다면 차이를 알 것이다. 개인적 경험으로 볼 때, 두 지역이 공개한 정보량은 3 : 1에서 10 : 1까지 차이가 났다. 미국 기업이 공개한 정보는 가히 상상을 초월한다. 예를 들어 요즘 화두가 되고 있는 '스마트공장 플랫폼'을 구글에서 검색해보라.

GE의 프레딕스Predix와 지멘스의 마인드스피어MindSphere를 찾아 비교해보라. 얼마나 양과 깊이에 차이가 있는지. 우리나라의 대표 스마트 공장 플랫폼인 SK그룹의 스칼라Scala를 검색해보라. 몇 개 안 되는 것을 금방 알 수 있다. 우리는 컨퍼런스에서 발표하는 플랫폼 홍보성 자료조차 공개하지 않는다. 우리나라 기업들은 무슨 자료를 어느 수준에서 공개해야 할지도 결정하기 어려워한다. 정보가 공유되지 않으니 협력도 잘되지 않는다. 글로벌 시장에서 우리 자리가 점점 좁아지는 이유가 아닐까 싶다.

이제는 개인뿐 아니라 기업도 혼자서 일하면 글로벌 경쟁 시장에서 살아남을 수 없다. 세계 시장을 호령하고 있는 글로벌 기업들은 실력 있는 회사들을 인수합병하기 위해 이미 열심히 뛰고 있다. 구글은 안드로이드, 유튜브 등 2016년 말 기준 200개 이상의 기업을,[37] 페이스북은 인스타그램, 왓츠앱 등 2004년 창업한 이래 2017년 말까지 66개의 기업을 인수합병했다.[38] 그동안 우리 기업들도 내부의 역량만 받아들이고 외부 역량은 배척하는 배타적 태도나 현상인 NIH 증후군Not Invented Here Syndrome으로 외부 역량 도입에 소극적이었지만, 최근에는 외부 업체들을 인수합병하는 모습을 보여 참으로 다행이다.

삼성전자는 2016년에 미국의 대표적 럭셔리 가전 브랜드 데이코Dacor[39]와 미국의 자동차 전장부품 전문업체 하먼Harman[40]을 인수했다. 또한 최근에는 미국 뉴욕에 AI센터를 건립할 계획을 발표했다. LG전자도 국내 산업용 로봇 제조 전문업체인 로보스타를 인수했다.[41] 좋은 현상이다. 4차 산업혁명의 주요 기술 역량을 강화하기 위해 해외 기업을 인수합병하는 것은 물론 해외에 연구소를 개설하거나 기술 전문 업체에 투자하여 외국 인재들을 채용하기도 한다. 함께 일하는 모습을 생각만 해도 가슴이 벅차다.

글로벌 인재들과
함께 일하는 협업력

기술 혁신은 천재 혼자가 아니라 협업에 의해 이루어지는 것이다. 전기, 트랜지스터, 컴퓨터, UNIX OS, Linux OS, 인터넷, 위키피디아 등 우리가 매일 즐기고 있는 많은 기술적 혁신적 제품이나 소프트웨어, 서비스들은 전 세계에 흩어져 있던 여러 인재들이 협업하며 만들어낸 것들이다. 기술, 과학뿐 아니라 인문학이나 문학 분야 와도 협업하여 이루어낸 것이다. 스티브 잡스의 자서전을 집필한 월터 아이작슨이 《이노베이터》에서 "디지털 시대의 가장 진정한 창조성은 예술과 과학을 연결시킬 수 있는 사람들에게서 나왔다는 데 감명을 받았다"고 고백했듯이. 과학 분야 인력을 통해 기술을 이해하고 진전시키고, 예술적 감각으로 아름다움을 추구하면서 협업으로 인간적인 기술을 구현하는 점을 강조한 것으로 생각된다.

이제는 세상에 흩어져 있는 다양한 인재들과 협업하는 세상이다. 협업만이 살길이다. 애플을 시작한 스티브 잡스와 스티브 워즈니악Steve Wozniak, 마이크로소프트의 두 창업자인 빌 게이츠Bill Gates와 폴 앨런Paul Allen 등 협업팀들은 디지털 세상에서 혁신을 견인했다. AT&T의 벨 연구소Bell Labs 연구원 켄 톰슨Ken Thompson, 데니스 리치Dennis Ritchie 와 개발자들이 개발한 유닉스 운영체제UNIX OS도 세계 소프트웨어 개발자들이 꾸준히 발전시켰다. 리눅스 운영체제Linux OS를 개발한 리누스 토발즈Linus Torvalds도 유닉스의 이념을 이어받아 개방하고 공유하고, 전 세계 개발자들과 협업하면서 리눅스 기능을 지속적으로 확대하고 있다.

아이작슨은《이노베이터》에서 "디지털 시대의 혁신은 대부분 협업으로 이루어졌다"[42]고 말했다. 아이작슨은 디지털 혁신에 대한 관심과 협업하며 디지털 세상을 구현하는 데 이바지한 여러 선구자, 해커, 발명가, 기업가들의 이야기를 이 책에 담았다. 디지털 시대의 혁신은 어느 한 천재가 어느 날 갑자기 발명한 것이 아니라 선구자, 학자, 발명가, 기업가, 엔지니어, 군인, 정부 관리 등 다양한 분야의 사람들이 서로에게 배우고 영향을 주면서 협업하며 만들었다. 그렇다. 디지털 시대에는 내가 배운 것을 바탕으로 그 위에 가치를 더해 다른 사람들과 공유하고 협업하며 더 나은 것으로 발전시키는 방식이 보편화되고 있다.

초연결의 시대, 4차 산업혁명 시대에는 이러한 협업이 한 학교, 조직, 기업, 사회, 국가를 넘어 국제적으로 손쉽게 펼쳐지고 있다. 최재천 교수는 "이 세상에서 손잡지 않고 살아남은 생명은 없다"고 단언했다. 그렇다. 4차 산업혁명 시대는 협업의 시대다. 기업들은 너도나도 똑똑한 인재를 채용하기 위해 전력을 다해 다투고 있다. 그러나 전 세계에서 필요로 하는 인재를 찾아 채용하는 것은 쉬운 일이 아니다. 선 마이크로시스템즈의 빌 조이가 말했듯이 똑똑한 인재는 내 주변에 없거나 이미 다른 회사에서 일하고 있기 때문이다. 이제는 그러한 인재들이 일하는 회사를 통째로 인수하거나 같이 일할 수 있는 방안을 모색하여 손을 잡아야 글로벌 시장에서 살아남을 수 있는 시대가 되었다. 세계에서 협업 경연 대회가 열린다면 누가 챔피언을 차지할까? 개미가 차지하지 않을까?

일개미의 몸무게는 1~5mg, 길이는 5~8mm에 불과하다. 불개미들이 어떻게 협업을 하는지 관찰한 과학자들이 있다. 미국 조지아공대 다니엘 골드먼Daniel Goldman 물리학 교수 등 미국과 독일 연구진은 불개미가 좁은 굴을 파면서 정체를 빚지 않는 비결을 살펴보았다. 그리고 개미가 최적의 전략으로 협동하는 방법을 자율로봇들에 적용했다. 그들은 여러 로봇들이 동시에 일할 때 생기는 정체를 피하고 최적의 로봇들로 최소한의 에너지만을 사용해 작업을 완료할 수 있다는 사실을 발견했다고 과학저널 〈사이언스타임즈〉 2018년 8월 17일자에 실린 논문에서 밝혔다. [43] 연구자들은 30마리의 개미 중 30%가 70%의 작업을 한다는 사실도 알아냈다. 불개미에게 개미집은 필수 조건이다. 만약 홍수 등에 의해 둥지가 이동하여 마른땅에 도착하면 불개미가 가장 먼저 하는 일은 집을 만들기 위해 굴을 파는 것이다. 개미굴은 개미 두 마리가 지나갈 수 있을 만큼 좁고 빠듯하다. 이는 수직터널에서 이동할 때 이동상의 이점을 가정한 설계적 특성으로 보인다. 개미들은 터널에 다른 개미들이 있으면 되돌아 나오거나 때로는 거의 아무 일도 하지 않음으로써 정체를 피했다.

개미들은 또 리더가 없을 때에도 정체를 피하고 굴착 작업을 최대화하기 위한 움직임을 보였다. 골드먼 교수는 "복잡한 지하 환경에서 사는 개미들은 수많은 개체들이 밀집된 환경에서 함께 생활할 때 일어날 수 있는 부작용을 피하기 위해 정교한 사회 규칙을 개발해야 했다"고 말했다. 불평등하게 보이는 노동 환경 속에서 최고 수준의 작업 환경을 유지하여 최고의 효율을 높이는 개미들에게서 '내'가 아닌 '우리'라는 '우분투Ubuntu'의 정신을 배우게 된다.

'우분투'란 남아프리카 줄루족과 코사족 등 여러 부족들이 사용하는 반투어 계열의 단어로 '우리가 있기에 내가 있다'는 뜻이다. 조직이 존재해야 나도 존재한다는 말이다. 나보다 팀과 조직을 생각하고 서로 조화롭게 협동하며 일한다는 의미다. 남을 짓밟고 일어서는 경쟁이 아니라 우리 모두를 위해 따로 또 같이 협력하는 것이다. 나만의 이익이 아니라 우리 모두의 이익을 위해, 고객을 위해 최선을 선택하는 것이다.

교세라의 창업자이자 파산 직전의 일본항공JAL을 일으킨 살아 있는 경영의 신, 이나모리 가즈오가 말하는 '이타심'도 같은 이치다. 그는 "남을 위하는 마음, 즉 이타심을 기르면 사물을 보는 시야도 넓어진다"고 설파한다. 나만의 이익을 생각하면 보지 못했던 것이 우리를 생각하면 보이기 시작하고 더 나은 방법이 생기며 더 큰 세상이 보인다.

"배가 흔들리는 것을 두려워 말고, 협력이 깨지는 것을 두려워하라"고 한 마쓰시타 고노스케 회장의 말도 동일선상에 있다. 위급한 상황에서 허둥지둥하며 내가 맡은 일을 제대로 하지 못해 다른 선원들과의 협력이 깨지는 것을 경계한 말이다. 어려울수록 각자 맡은 바 임무를 다하는 것, 그러면서도 모두 힘을 합쳐 태풍을 이겨내는 협업 정신이 무엇보다 중요하다는 것을 일깨워주는 교훈이 아닐 수 없다.

그러나 협업은 쉬운 일이 아니다. 특히 역경에 처하면 남보다 나를 먼저 보게 되는 것이 인간의 습성이다. 따라서 이를 규칙과 시스템으로 만들어 몸에 익히는 시간을 거쳐야 한다. 심지어 개미들도 협업 규칙이 있다는 연구가 있다.

미국 록펠러대학교의 사회진화·행동연구소, 프린스턴대학교의 생태학·진화생물학과, 스위스 로잔대학교의 생태학 및 진화학과 공동연구팀은 "클로널 레이더 개미의 역할 분담이 6마리 이상 모일 때부터 시작된다"는 사실을 확인하고 그 결과를 과학저널 〈네이처〉에 발표했다.[44] 클로널 레이더 개미는 다른 개미들과 마찬가지로 군집을 이루지만, 생식에 특화되고 집단 결속력의 근원인 여왕개미 없이도 모든 개미가 일을 하고 번식에 참여하는 독특한 종이라고 한다. 연구자들은 이 개미들이 6마리 이상만 모이면 마치 프로그램된 듯 자연스럽게 각자의 임무를 나누는 것을 확인했다. 또한 집단의 크기가 커질수록 각각의 활동이 구체화되고 세분화된다는 것도 알게 됐다고 한다. 역할 분담은 집단 내 개체 생존율, 출산율, 집단 확장 시기, 군락 형성 환경에 따라 변한다고 한다. 신기하고 대단한 협업 규칙이다.

우리도 협업 규칙을 구체화하고 시스템으로 만들어 실행해야 한다. 아무리 훌륭한 규칙이 있어도 실행하지 않으면 아무 쓸모가 없다. 최근 자주 일어나는 화재 사건만 보아도 스프링클러가 작동하지 않아 불이 순식간에 더 크게 번진 것을 알 수 있다. 따라서 규칙을 정하고 기회가 있을 때마다 실행하여 구체적인 규칙을 검증하고 보완하는 작업이 필수다. 이를 바탕으로 규칙이 몸에 배도록 시스템과 프로세스를 만들고 지속적으로 시험하면서 검증하고 배우며 개선하는 꾸준함이 있어야 한다. 사회적 시스템과 프로세스가 갖추어져야 우리나라도 선진국 대열에 합류할 수 있을 것이다.

∽ 각주 ∽

머리말

1. KDI, 〈KDI 경제전망, 2018 하반기〉, 제35권 제2호, 2018.11.06.
2. OECD, "Highlights from the OECD Science, Technology and Industry Scoreboard 2017 - The Digital Transformation: Korea", Nov. 2017, http://www.oecd.org/korea/sti-scoreboard-2017-korea.pdf.

1장 호모 사피엔스에서 호모 커넥서스로

1. 그레고리 클라크, 《맬서스, 산업혁명, 그리고 이해할 수 없는 신세계》, 한스미디어, 2009.03.25, pp. 287-288.
2. 그레고리 클라크, 《맬서스, 산업혁명, 그리고 이해할 수 없는 신세계》, 한스미디어, 2009.03.25, p. 35.
3. Ralf Meisenzahl and Joel Mokyr, "The Rate and Direction of Invention in the British Industrial Revolution: Incentives and Institutions", Apr. 2011, NBER Working Paper No. 16993, JEL No. N13, N73, O31, O34, O43. Accessed Mar. 22, 2019.
4. 그레고리 클라크, 《맬서스, 산업혁명, 그리고 이해할 수 없는 신세계》, 한스미디어, 2009.03.25, p. 24.
5. 그레고리 클라크, 《맬서스, 산업혁명, 그리고 이해할 수 없는 신세계》, 한스미디어, 2009.03.25, p. 414.
6. Albert Jack, "They Laughed at Galileo", Kindle edition, 2017.12.07, p. 112.
7. https://en.wikipedia.org/wiki/List_of_regions_by_past_GDP_(PPP)_per_capita.
8. John Carey, "Adoption of New Media in the Digital Era", Fordham University, New York City, USA, https://www.g-casa.com/conferences/vienna16/ppt_pdf/Carey.pdf. Accessed Sep. 24, 2018.
9. GDP per capita (current US$) for Korea, Malaysia, Philippines, from World Bank national accounts data, and OECD National Accounts data files. https://data.worldbank.org.
10. 한국은행, "2018년 4/4분기 및 연간 국민소득(잠정)", 보도자료, 2019.03.05.
11. "Google Books: A Complex and Controversial Experiment", Stephen Heyman, The New York Times, Oct. 28, 2015, https://www.nytimes.com/2015/10/29/arts/international/google-books-a-complex-and-controversial-experiment.html.

Accessed Aug. 20, 2018.

12. "2. Smartphone ownership on the rise in emerging economies", Jacob Poushter, Caldwell Bishop and HanyuChwe, Pew Research Center, Jun. 19, 2018, http://www.pewglobal.org/2018/06/19/2-smartphone-ownership-on-the-rise-in-emerging-economies/. Accessed Aug. 5, 2018.

13. 금준경, "유튜브, 전 연령대에서 사용시간 1위", 미디어오늘, 2018.09.11.

14. "WORLD INTERNET USAGE AND POPULATION STATISTICS, MARCH, 2019 - Update", https://www.internetworldstats.com/stats.htm. Accessed Mar. 21, 2019.

15. "IoT Report: How Internet of Things technology growth is reaching mainstream companies and consumers", Peter Newman, Business Insider, Jan. 28, 2019, https://www.businessinsider.com/internet-of-things-report. Accessed Mar. 11, 2019.

16. 안경애, "고려대의료원, 5년간 306억 원 투입… 클라우드 기반 정밀의료 플랫폼 개발", 디지털타임스, 2018.09.27.

17. 전승훈, "[내 마음속의 별] 첼리스트 장한나의 '황병기 선생님'", 동아일보, 2009.10.07.

18. 스기모토 다카시, 《손정의 300년 왕국의 야망》, 서울문화사, 2018.02.05, p. 85.

19. 스기모토 다카시, 《손정의 300년 왕국의 야망》, 서울문화사, 2018.02.05, p. 115.

20. 최재천, 《숲에서 경영을 가꾸다》, 메디치미디어, 2017.12.20, p. 146.

21. OECD, "Highlights from the OECD Science, Technology and Industry Scoreboard 2017 - The Digital Transformation: Korea", Nov. 2017, http://www.oecd.org/korea/sti-scoreboard-2017-korea.pdf.

22. "Wikipedia:Wikipedians - Wikipedia", https://en.wikipedia.org/wiki/Wikipedia:Wikipedians. Accessed Sep. 7, 2018.

23. "The Smartest People in the World Don't All Work for Us. Most of Them…", Jan. 28, 2018, https://quoteinvestigator.com/2018/01/28/smartest/. Accessed Aug. 6, 2018.

2장 호모 커넥서스가 살아가는 모습

1. "Google beats Amazon to first place in smart speaker market - Canalys", May 23, 2018, https://www.canalys.com/newsroom/google-beats-amazon-to-first-place-in-smart-speaker-market. Accessed Sep. 13, 2018.

2. "This baby's first word was 'Alexa' - New York Post", Jun. 4, 2018, https://nypost.com/2018/06/04/this-babys-first-word-was-alexa/. Accessed Sep. 13, 2018.

3. 박건형, "기계가 인간을 뛰어넘는 특이점, 2035년이면 온다", 조선일보, 2018.08.23.

4. "The errors, insights and lessons of famous AI predictions - and what they mean for the future", Stuart Armstrong, Kaj Sotala & Seán S. ÓhÉigeartaigh, May 20, 2014, http://www.fhi.ox.ac.uk/wp-content/uploads/FAIC.pdf.

5. 이정근, 연구소 제품개발팀장, 동양피스톤, 기업 방문 시 발표 내용, 2017. 10. 25.

6. "Japanese Man Marries His Favorite Virtual Reality Anime in a Real…", Jul. 7, 2017, https://interestingengineering.com/japanese-man-marries-virtual-reality-anime-real-chapel. Accessed Sep. 13, 2018.

7. "Tokyo man marries video game character - CNN.com", Dec. 17, 2009, http://www.cnn.com/2009/WORLD/asiapcf/12/16/japan.virtual.wedding/index.html. Accessed Sep. 13, 2018.

8. Social LG전자, "빈집 들어온 도둑 쫓아낸 LG 로봇청소기", LG전자 공식 블로그, 2018. 05. 27, https://social.lge.co.kr/newsroom/robot_cleaner_180527/. Accessed Sep. 13, 2018.

9. 박신홍, "실패가 나를 키웠다… 로봇도 사람도 넘어질 때 배운다", 중앙선데이, 2018. 09. 01.

10. 국토교통부, "수도권 지역 출퇴근 시 평균 1시간 30분 이상 소요, 최근 3년간 교통 혼잡 구간이 늘어난 것으로 나타나", 보도자료, 2018. 05. 15.

11. 장상진, 김충령, "1인당 1,200만 원씩 내고도… 새벽 2시간 '고난의 출근길'", 조선일보, 2018. 11. 13.

12. 국토교통부, "수도권 지역 출퇴근 시 평균 1시간 30분 이상 소요, 최근 3년간 교통 혼잡 구간이 늘어난 것으로 나타나", 보도자료, 2018. 05. 15.

13. 김회경, "고령화로 기사 부족한 일본, 도쿄 도심서 자율주행 택시 시범운행", 한국일보, 2018. 08. 28.

14. 최동수, 이동우, "[MT리포트] '고령화' 밤 되면 사라지는 개인택시", 머니투데이, 2018. 09. 04

15. 서울특별시 주요 교통통계, 운수 종사자 현황(연령별 분포), http://news.seoul.go.kr/traffic/archives/307. Accessed Mar. 15, 2019.

16. 최지희, "50km를 10분 만에… '항공 택시' 5년 후 상용화 계획", 조선일보, 2018. 09. 11.

17. Sean Szymkowski, "Terrafugia starts taking orders for first flying car", MotorAuthority, Oct. 16, 2018, http://www.motorauthority.com/news/119398_terrafugia-starts-taking-orders-for-first-flying-car. Accessed Nov. 14, 2018.

18. 최아리, "하늘 나는 자동차, 내달 첫 예약 판매", 조선일보, 2018. 09. 28.

19. "What Would You Do In A Self-Driving Car? - Auto Insurance Center", https://www.autoinsurancecenter.com/what-would-you-do-in-a-self-driving-car.htm.

Accessed Nov. 14, 2018.

20. 한국고용정보원, "인공지능의 발전, 그리고 직업세계의 미래", 보도자료, 2016.03.24.

3장 호모 커넥서스가 만들어가는 사회

1. 손흥민 선수, 2018 FIFA World Cup Russia 웹사이트, https://www.fifa.com/worldcup/players/player/307849/. Accessed Aug. 20, 2018.

2. T map 운전습관 알고 활용하기.

3. "Missing flight MH370: Rolls Royce dragged into the mystery as···", Mar. 13, 2014, https://www.independent.co.uk/news/world/asia/missing-flight-mh370-rolls-royce-dragged-into-the-mystery-as-rumours-surface-suggesting-that-data-9190622.html. Accessed Aug. 20, 2018.

4. Satoshi Nakamoto, "Bitcoin: A Peer-to-Peer Electronic Cash System".

5. "How blockchain could help logistics industry save $38 billion per year", May 9, 2018, https://medium.com/@credits/how-blockchain-could-help-logistics-c3b2ab60be55. Accessed Sep. 14, 2018.

6. "IBM, Maersk launch TradeLens blockchain shipping platform | ZDNet", Aug. 9, 2018, https://www.zdnet.com/article/ibm-maersk-launch-tradelens-blockchain-shipping-platform/. Accessed Sep. 14, 2018.

7. "How blockchain could help logistics industry save $38 billion per year", May 9, 2018, https://medium.com/@credits/how-blockchain-could-help-logistics-c3b2ab60be55. Accessed Sep. 14, 2018.

8. 국토교통부, "종이 증명서 없이 편리하게··· 블록체인 기술이 부동산 거래도 바꾼다", 보도자료, 2018.10.30.

9. "UN E-Government Survey 2018 - the United Nations", Jul. 19, 2018, https://publicadministration.un.org/egovkb/en-us/Reports/UN-E-Government-Survey-2018. Accessed Sep. 21, 2018.

10. Michael Johnston, 《Syndromes of Corruption》, Cambridge University Press, 2005, p. 41.

11. 김광수, 《끼리끼리 공화국》, 문학21 출판부, 2000.07.01, p. 63.

12. "How much data does Google handle? - WPformers", Jun. 4, 2017, https://www.wpformers.com/google-datacenter-capacity/. Accessed Aug. 26, 2018.

13. Facebook Q4 2018 Results, Facebook, http://investor.fb.com. Accessed Mar. 14, 2019.

14. Casey Chan, "What Facebook Deals with Everyday", Gizmodo, Aug. 22, 2012, https://gizmodo.com/what-facebook-deals-with-everyday-2-7-billion-likes-3-5937143. Accessed Mar. 14, 2019.

15. Salman Aslam, "Facebook by the Numbers: Stats, Demographics & Fun Facts", Jan. 6, 2019, https://www.omnicoreagency.com/facebook-statistics/. Accessed Mar. 14, 2019.

16. 이석희, SK Hynix 사업총괄, SK C&C D.N.A 2018 발표, 2018.08.29.

17. 우상조, "폭발물 드론 공격당한 마두로 베네수엘라 대통령", 중앙일보, 2018.08.05.

18. Shea O'Donnell, "A Short History of Unmanned Aerial Vehicles", Jun. 16, 2017, https://consortiq.com/media-centre/blog/short-history-unmanned-aerial-vehicles-uavs. Accessed Mar. 15, 2019.

19. 하선영, "징동닷컴 드론 배달 2만 건 돌파… 인간 배송보다 비용 30% 저렴", 중앙일보, 2018.06.10.

20. Sally French, "DJI Market Share: Here's exactly how rapidly it has grown in just a few years", 2018.09.18, http://thedronegirl.com/2018/09/18/dji-market-share/. Accessed Mar. 15, 2019.

21. 나윤석, "글로벌 드론경연에 中 188팀 vs 韓 0팀… 초라한 한국 기술의 민낯", 서울경제, 2018.08.05.

22. 천권필, "천년 산다는 소백산 '주목' 3개월 전부터 시름시름… 왜?", 중앙일보, 2018.09.13.

23. 이진주, "서울 시민이 원하는 폭염 대비 정책은 '전기요금 인하'", 경향신문, 2018.08.31.

24. Hideo Kodama, "Automatic method for fabricating a three-dimensional plastic model with photo-hardening polymer", Review of Scientific Instruments, Vol. 52, No. 11, pp. 1770-1773, Nov. 1981, American Institute of Physics. http://dougneckersexplores.com/data/documents/1.1136492.pdf. Accessed Aug. 5, 2015.

25. S. Scott Crump - 2014 Inductee, Minnesota Inventors Hall of Fame, http://www.minnesotainventors.org/inductees/scott-crump.html. Accessed Aug. 8, 2015.

26. 한해진, "세계적 인정받는 '의료 3D 프린팅' 국내선 찬밥 신세", 데일리메디, 2018.09.13.

27. 박정훈, "아마존이 나서니, 모두가 따라 했다", 이코노믹리뷰, 2018.09.12.

28. 박대의, "日 편의점 5개사, 2025년까지 전 점포 셀프계산대 도입", 매일경제, 2017.04.18.

29. 이주현, "본격 로드숍 시대 연 무인편의점, 세븐일레븐 SK 가스충전소 입점", 전자신문, 2019.02.21.

30. 정상필, "S-OIL, 주유소 최초 무인편의점 선보여", 지앤이타임즈, 2019.03.10.

31. 김범석, "2024년 콜센터, 2049년 소설가, 2053년 외과의사…", 동아일보, 2018.07.20.

32. "The Future of Jobs - Reports - World Economic Forum", 2016, http://reports. weforum.org/future-of-jobs-2016/employment-trends/. Accessed Sep. 14, 2018.

33. 배철현, 《수련》, 21세기북스, 2018.04.11, p. 216.

34. AudioSet, Machine Perception Research, Google, https://research.google.com/ audioset/. Accessed Sep. 14, 2018.

35. "Steven Pinker Quotes", http://www.notable-quotes.com/p/pinker_steven.html. Accessed Sep. 14, 2018.

36. "Honda retires its famed Asimo robot - The Verge", Jun. 28, 2018, https://www. theverge.com/2018/6/28/17514134/honda-asimo-humanoid-robot-retire. Accessed Nov. 16, 2018.

37. "Scarce Skills, Not Scarce Jobs - The Atlantic", Apr. 27, 2015, https://www. theatlantic.com/business/archive/2015/04/scarce-skills-not-scarce-jobs/390789/. Accessed Sep. 6. 2018.

4장 호모 커넥서스의 퍼스트 펭귄들

1. 마윈, 알리바바 그룹, "마윈, 내가 본 미래", 김영사, 2017.12.08, p. 147.

2. Alibaba Group, Wikipedia, https://en.wikipedia.org/wiki/Alibaba_Group. Accessed Sep. 6, 2018.

3. 강나현, "알리바바, 한국 기업 유혹 '중국엔 6억 중산층 있다'", 중앙일보, 2018.06.12.

4. Sun Wenyu, "China has 300 million middle-income earners", People's Daily Online, 2018.01.09, http://en.people.cn/n3/2018/0109/c90000-9313474.html. Accessed Sep. 6, 2018.

5. 신경진, "하루 28조 원어치 판 마윈 '온오프 결합한 신소매가 미래'", 중앙일보, 2017. 11.13.

6. 알리바바 그룹, 《마윈의 내부담화》, 스타리치북스, 2017.03.02, p. 116.

7. 알리바바 그룹, 《마윈의 내부담화》, 스타리치북스, 2017.03.02, p. 40.

8. "Jeff Bezos - Forbes", https://www.forbes.com/profile/jeff-bezos/. Accessed Sep. 6, 2018.

9. "Bezos Unbound: Exclusive Interview With The Amazon Founder On…", Sep. 4, 2018, https://www.forbes.com/sites/randalllane/2018/08/30/bezos-unbound-exclusive-interview-with-the-amazon-founder-on-what-he-plans-to-conquer-next/. Accessed Sep. 6, 2018.

10. "Store closures rocked retail in 2017. Now 2018 is set to bring another…", Dec. 26,

2017, https://www.cnbc.com/2017/12/26/store-closures-rocked-retail-in-2017-and-more-should-come-next-year.html. Accessed Sep. 25, 2018.

11. Amazon.com Annual report, SEC Filing 10-K, Dec. 31, 2018, https://ir.aboutamazon.com/static-files/ce3b13a9-4bf1-4388-89a0-e4bd4abd07b8. Accessed Mar. 16, 2019.

12. "Cloud market share Q4 2018 and full year 2018", Canalys, Feb. 4, 2019, https://www.canalys.com/newsroom/cloud-market-share-q4-2018-and-full-year-2018. Accessed Mar. 17, 2019.

13. "Bezos Unbound: Exclusive Interview With The Amazon Founder On…", Sep. 4, 2018, https://www.forbes.com/sites/randalllane/2018/08/30/bezos-unbound-exclusive-interview-with-the-amazon-founder-on-what-he-plans-to-conquer-next/. Accessed Sep. 6, 2018.

14. "Jeff Bezos heats up rich-guy space race against Elon Musk's Space." Sep. 20, 2018, https://www.mercurynews.com/2018/09/20/amazons-bezos-heats-up-rich-guy-space-race-against-elon-musks-spacex/. Accessed Sep. 21, 2018.

15. "Blue Origin plans to start selling tickets in 2019 for suborbital…", Jul. 10, 2018, https://spacenews.com/blue-origin-plans-to-start-selling-tickets-in-2019-for-suborbital-spaceflights/. Accessed Sep. 15, 2018.

16. "Bezos Unbound: Exclusive Interview With The Amazon Founder On…", Sep. 4, 2018, https://www.forbes.com/sites/randalllane/2018/08/30/bezos-unbound-exclusive-interview-with-the-amazon-founder-on-what-he-plans-to-conquer-next/. Accessed Sep. 6, 2018.

17. "Google Books: A Complex and Controversial Experiment - The New…", Oct. 28, 2015, https://www.nytimes.com/2015/10/29/arts/international/google-books-a-complex-and-controversial-experiment.html. Accessed Aug. 20, 2018.

18. 구글 홈페이지, From the garage to the Googleplex, https://www.google.com/about/our-story/. Accessed Oct. 2, 2018.

19. "Larry Page's University of Michigan Commencement Address - News…", May 2, 2009, http://googlepress.blogspot.com/2009/05/larry-pages-university-of-michigan.html. Accessed Oct. 2, 2018.

20. "The Story of Sergey Brin - Moment Magazine", May 6, 2013, https://www.momentmag.com/the-story-of-sergey-brin/. Accessed Oct. 2, 2018.

21. 구글 홈페이지, From the garage to the Googleplex, Ten things we know to be true, https://www.google.com/about/philosophy.html. Accessed Oct. 2, 2018.

22. 켄 올레타, 《구글드》, 타임비즈, 2010.02.10, p. 55.

23. Joi Ito, "Want to innovate? Become a 'now-ist'", TED2014, Mar. 2014, https://www.ted.com/talks/joi_ito_want_to_innovate_become_a_now_ist, 한국어 번역 참조. Accessed Aug. 6, 2018.

24. 스기모토 다카시, 《손정의 300년 왕국의 야망》, 서울문화사, 2018.02.05, p. 89.

25. "Masayoshi Son - Forbes", https://www.forbes.com/profile/masayoshi-son/. Accessed Sep. 6, 2018.

26. "Forbes Global 2000 List, 2018 Ranking", https://www.forbes.com/global2000/list/. Accessed Mar. 16, 2018.

27. 스기모토 다카시, 《손정의 300년 왕국의 야망》, 서울문화사, 2018.02.05, p. 115.

28. 스기모토 다카시, 《손정의 300년 왕국의 야망》, 서울문화사, 2018.02.05, p. 114.

29. 스기모토 다카시, 《손정의 300년 왕국의 야망》, 서울문화사, 2018.02.05, p. 116.

30. Mike Allen, Jim VandeHei, "Elon Musk: There's a 70% chance that I personally go to Mars", Axios, 2018.11.25, https://www.axios.com/elon-musk-mars-space-x-14c01761-d045-4da0-924b-322fb6a109ce.html. Accessed Mar. 18, 2019.

31. 한애란, "위기 몰린 머스크 반성문 '과도한 공장 자동화는 실수였다'", 중앙일보, 2018. 4.18.

32. "Dodger CFO: Elon Musk's 'Dugout Loop' tunnel should be done by 2020", Aug. 24, 2018, https://www.cnbc.com/2018/08/24/elon-musks-dodger-stadium-dugout-loop-tunnel-should-be-ready-by-2020-team-cfo-says.html. Accessed Sep. 15, 2018.

33. 김태호, "꿈꾸는 사나이 머스크 '화성은 직접 민주주의 체제'", 이코노믹리뷰, 2018.03.12.

34. Michael Kan, "Musk: Mars Trip Could Cost You Less Than $500K or Even $100K", PCMag, Feb. 11, 2019, https://www.pcmag.com/news/366472/musk-mars-trip-could-cost-you-less-than-500k-or-even-100k. Accessed Mar. 18, 2019.

5장 호모 커넥서스가 되기 위한 역량

1. "FSI - Jack Ma: Ideas and Technology Can… - Stanford University", May 6, 2013, https://fsi.stanford.edu/news/jack_ma_ideas_and_technology_can_change_the_world_20130506. Accessed Sep. 20, 2018.

2. Tim O'Reilly, 《WTF?: What's the Future and Why It's Up to Us》, HarperBusiness, 2017.10.10, p. 352.

3. "Our Mission", facebook company info, https://newsroom.fb.com/company-info/. Accessed Mar. 19, 2019.

4. "Travis Kalanick's vision for Uber - Business Insider", Jun. 4, 2015, https://www.businessinsider.com/travis-kalanicks-vision-for-uber-2015-6. Accessed Sep. 19, 2018.

5. "Our Mission", Uber company info, https://www.uber.com/newsroom/company-info/. Accessed Mar. 19, 2019.

6. 기타 야스토시, 《동행이인》, 21세기북스, 2009.01.30, p. 182.

7. 최재천, "생명, 그 아름다움에 대하여", 플라톤 아카데미, 2016.05.24.

8. "Jeff Bezos announces $2 billion philanthropic effort - NBC News", Sep. 14, 2018, https://www.nbcnews.com/tech/tech-news/jeff-bezos-announces-2-billion-philanthropic-effort-n909271. Accessed Sep. 20, 2018.

9. 최재천, 《숲에서 경영을 가꾸다》, 메디치미디어, 2017.12.20, p. 116.

10. 팀 오라일리, 《왓츠 더 퓨처》, 와이즈베리, 2018.02.05, p. 195.

11. 랍비 솔로몬, 《유대인의 삶과 지혜》, 해피&북스, 2012.01.28, p. 112.

12. 켄 올레타, 《구글드》, 타임비즈, 2010.02.10, p. 55.

13. EBS 시험 제작팀, 《EBS 교육대기획 시험》, 북하우스, 2016.08.22, p. 155.

14. 이하원, "좌우명은 有志竟成 … 스스로 납득될 때까지 어떤 연구도 안 믿는다", 조선일보, 2018.10.03.

15. 사이토 다카시, 《내가 공부하는 이유》, 걷는나무, 2014.06.16, p. 195.

16. 패티 맥코드, 《파워풀》, 한국경제신문 한경BP, 2018.07.25, p. 104.

17. 월터 아이작슨, 《이노베이터》, 오픈하우스, 2015.12.30, p. 9.

18. 최재천, 《숲에서 경영을 가꾸다》, 메디치미디어, 2017.12.20, p. 213.

19. 조지 앤더스, 《왜 인문학적 감각인가》, 사이, 2018.05.10, p. 60.

20. 〈2016 스마트팩토리 추진현황 실태조사 보고서〉, 한국인더스트리4.0협회, 한국능률협회, 2017.01.20, p. 15.

21. 조지 앤더스, 《왜 인문학적 감각인가》, 사이, 2018.05.10, p. 214.

22. 이을호 역, 《한글논어》, 사단법인 올재, 2011.12.30, p. 16.

23. 윤석만, 노진호, "자격증 6개 딴 50대 거푸집 목수 '배움에 때가 어딨나'", 중앙일보, 2016.09.22.

24. 왕멍, 《나는 학생이다》, 들녘, 2004.10.20, p. 49.

25. 왕멍, 《나는 학생이다》, 들녘, 2004.10.20, p. 49.

26. "대만, 96세 할아버지 석사학위로 화제", 연합뉴스, 2009.06.12.

27. https://www.exeter.edu/exeter-difference/how-youll-learn.

28. https://www.exeter.edu/exeter-difference/how-youll-learn.

29. Khan Academy 2017 Annual Report, 2018.06.28, https://khanacademyannualreport.org/.

30. http://www.omscs.gatech.edu/prospective-students/faq.
31. 전현수, "클라우드 기반 SW 엔지니어링, 온라인에서 무료로 배워요", 이코노믹리뷰, 2018.09.21.
32. "Steve Jobs: His 'genius' was in his editing - The Washington Post", Nov. 7, 2011, https://www.washingtonpost.com/business/technology/steve-jobs-his-genius-was-in-his-editing/2011/11/07/gIQA0wAKvM_story.html. Accessed Oct. 2, 2018.
33. IDEO.org, 《IDEO 인간중심 디자인 툴킷》, 에딧더월드, 2014.07.20.
34. 윤종용, 《초일류로 가는 생각 역사와 미래》, 삼성전자, 2007.10, p. 63.
35. 홍석현, 《우리가 있기에 내가 있습니다》, 쌤앤파커스, 2016.12.12, p.199.
36. Elon Musk, "All Our Patent Are Belong To You | Tesla", Jun. 12, 2014, https://www.tesla.com/blog/all-our-patent-are-belong-you. Accessed Aug. 20, 2018.
37. "List of mergers and acquisitions by Alphabet - Wikipedia", https://en.wikipedia.org/wiki/List_of_mergers_and_acquisitions_by_Alphabet. Accessed Aug. 6, 2018.
38. "66 Facebook Acquisitions - The Complete List (2017) [INFOGRAPHIC]", Jan. 4, 2018, https://www.techwyse.com/blog/infographics/facebook-acquisitions-the-complete-list-infographic/. Accessed Aug. 6, 2018.
39. "Samsung Electronics America to Acquire Dacor as Part of Home…", Aug. 11, 2016, https://news.samsung.com/global/samsung-electronics-america-to-acquire-dacor-as-part-of-home-appliance-portfolio-expansion-into-luxury-market. Accessed Aug. 6, 2018.
40. "Samsung Electronics to Acquire HARMAN, Accelerating Growth in…", Nov. 14, 2016, https://news.samsung.com/global/samsung-electronics-to-acquire-harman-accelerating-growth-in-automotive-and-connected-technologies. Accessed Aug. 6, 2018.
41. 변명섭, "LG전자, 로보스타 경영권 인수… 지분 30% 확보", 연합인포맥스, 2018.07.17.
42. 월터 아이작슨, 《이노베이터》, 오픈하우스, 2015.12.30, p. 4.
43. 김병희, "개미 노동의 물리학적 비밀", 사이언스타임즈, 2018.08.17.
44. 유용하, "개미 6마리만 모여도 저절로 분업… 인간보다 낫네", 서울신문, 2018.08.23.